# le journal de Nine

À mon inspiratrice, ma fille Mathilde
qui grandit à vue d'œil,
Aux familles recomposées qui aiment autant
les sushis que les lasagnes,
*Rocky que les Sept Mercenaires*,
Nadal que Cavani...
Aux rêves fous et aux défis impossibles,
À Mamie Diamant et à Mamie Téti,
les deux dames de ma vie,
Au meilleur des papas,
Aux années qui filent et aux souvenirs
qu'on immortalise dans les livres.

G. M.


87, quai Panhard et Levassor - 75647 Paris Cedex 13
ISBN : 978-2-0813-7380-8

Géraldine Maillet

2

# Le journal de Nine

## Pourquoi c'est compliqué ?

illustrations de Line T.

Flammarion Jeunesse

10 Septembre

Bon, journal,

présentation rapide.

Nine (c'est moi)

BRUNE

TRÈS drôle :)

gentille

Jolie (?)

J'adore les Leggings ♥

lui c'est SPOUTNIK mon doudou.

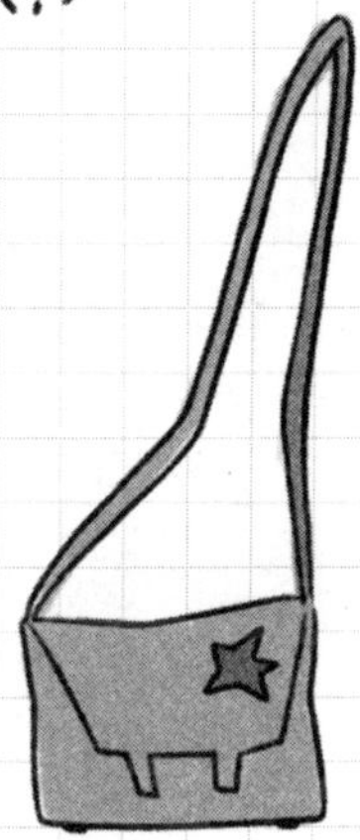

mes NOUVELLES ballerines préférées

Cette année, j'ai un super sac à bandoulière ! Ça RIGOLE PLUS !

Ça rigole tellement plus qu'il me fait mal au dos... (mais bon, c'est pas grave il est TROP joli !)

Le dernier me connaissait par cœur, mais toi tu es tout neuf, tout blanc, tout beau. Je ne t'ai encore jamais rien raconté. Ni sur moi qui suis le sujet central, ni sur mon frère, Léon, que j'appelle toujours Lardon et qui rêve de devenir champion de tennis, ni sur mes parents qui viennent de divorcer, ni sur ma maman qui est née un 29 février (un anniversaire tous les quatre ans, il paraît que c'est pour ça qu'elle fait si jeune par rapport aux autres mamans de l'école), ni sur mon papa qui s'endort souvent devant la télé et qui quand je le réveille dit « mais non pas du tout, je dors pas », ni sur ma grand-mère, mamie Diamant, qui aime les bijoux trop brillants et les robes comme des rideaux tellement elles sont longues avec des drôles de dessins dessus, ni mon arrière-grand-mère, Téti, qui aurait adoré être chanteuse et qui pense que nous aussi on aurait adoré, du coup elle chante non-stop et c'est un peu la honte, enfin, c'est pas bien de dire ça mais bon, elle chante même dans la rue ou à l'arrêt de bus, comme si elle chantait des berceuses à tous les gens…

Rien raconté non plus sur le nouvel amoureux de ma maman, Damien. Bon, pour te dire la vérité moi non plus, je ne le connais pas vraiment… Ni ses enfants, Victor et Romy. Ils ne font pas encore partie de la famille comme dit mamie Diamant… Et moi, je ne sais pas encore si j'en ai envie. Ça me fait un peu peur. C'est beaucoup de changements pour moi et Lardon quand même. Maman va faire des bisous sur la bouche à un autre monsieur devant nous et ce sera même pas papa. Mais chut, ça il faut pas le dire à maman. Car maman, elle a très envie qu'on forme une nouvelle famille. Elle est très heureuse ma maman. Elle qui se moquait toujours des gens amoureux en disant que ça les rendait idiots… Moi je ne veux pas d'une maman idiote ! Hors de question. Surtout par amour. Alors je dois la surveiller. Le moindre truc bête, je la jouerai maîtresse… Eh maman, fais attention, tu débloques, amoureuse = idiote. Pour le moment, ça a l'air d'aller, elle ne se trompe pas dans les calculs, elle m'explique bien les conjugaisons... Elle a à l'aise le niveau 6$^{e}$. Non, ce qui est nouveau, c'est qu'elle sourit beaucoup plus qu'avant. Elle a passé l'été à sourire. À la mer, sourire. Devant ses calamars grillés, sourire. Oh il n'y a plus de calamars grillés, pas grave, sourire. Face au feu d'artifice du 14 juillet, sourire. Il pleut des trombes, sourire. Il fait une chaleur de bête, sourire. Et encore, Damien n'était même pas là !!! Ben ça promet si un jour on part ensemble. Elle va avoir des courbatures à force de sourire.

Moi journal, tu sais j'ai une mémoire d'éléphant. J'écris parce que ça me plaît et je veux devenir écrivain pour enfants. Pas parce que j'ai peur d'oublier des trucs importants. Je me souviens très bien de tout. En particulier de l'été dernier en vacances avec papa, c'était pas pareil. Les sourires, ils étaient super rares. Super jamais. Je crois même que maman avait pleuré un jour, elle m'avait dit que c'était du sable. J'y avais cru. Mais aujourd'hui je sais que le sable c'était dans le cœur, pas dans les yeux.

Depuis le divorce, c'est comme si maman était pompette mais sans boire du champagne comme mamie Téti. J'ai une nouvelle maman.

Bref, journal, tu es complètement largué. J'écris, j'écris, j'écris...

Tu vas voir, ce n'est pas tous les jours facile d'être mon journal intime. Parfois je ne te lâche pas, je veux tout te raconter. La couleur de mon pantalon, la longueur de mes lacets, les parties de cache-cache avec Lardon dans le couloir chez maman, l'odeur de jasmin dans le cou de ma maman et sa peau douce, les tartines de mon papa avec le Nutella tellement bien étalé qu'on voit plus le pain, ses « Hou !! » avec sa grosse voix quand j'ai le hoquet. Parfois, j'ai mauvais caractère et je fais du boudin comme dit papa qui se moque en me disant que je devrais le vendre à la boucherie et qu'on deviendrait riches tellement j'en fabrique... Pff, papa, ça vient de toi, le boudin, c'est maman qui le dit et même toi tu dis qu'elle a raison. Sois prévenu journal, quand je ne suis pas de bonne humeur, je ne m'applique pas, j'écris presque n'importe quoi, je fais exprès de faire des fautes d'orthographe, du genre « des phote d'ortografe ». Je la joue secret. Je te sors pas du tiroir de ma table de chevet, ou je te tache avec mon bol de lait choco, ou je te gribouille comme un bébé, je te colorie en mode arc-en-ciel moche et mal fait, je te perfore, je t'agrafe, je te plante mon compas. T'inquiète, ça arrive pas souvent (mais des fois quand même, je suis cruelle !)

En bref, je ne suis pas un cadeau pour toi mais toi tu es le plus beau des cadeaux pour moi.

Mais tu vas voir, ce qui est sûr, c'est qu'on va pas s'ennuyer tous les deux. J'ai plein de copines, de la famille rigolote, des doudous malgré mon grand âge, Spoutnik, Pica et Dilly mais toi tu es spécial. Tu sais tout et comprends tout. Tu me connais par cœur. Tu m'aides comme le GPS dans la voiture de papa mais bon le GPS de la voiture de papa n'arrête pas de parler et lui, il est un peu beaucoup à la folie saoulant.

Alors courage pour cette année ensemble.

Ça ne va pas être facile.

En plus, il paraît que je suis **préadolescente** maintenant.

## 20 Septembre

Emploi du temps de fou.
Enfin de folle !

La 6^e^ youpi, tu parles !

- Maths
puis français
puis anglais
puis histoire
puis SVT
puis...

Je suis **fatiguée** de chez **crevée**
et les vacances me paraissent **loin, loin... Loin. Loin**

À la cantine, il y avait des endives au jambon
et de la mousse au chocolat.
Lauren, ma meilleure copine depuis dix jours,
n'aime pas le chocolat.
C'est la copine rêvée, journal.

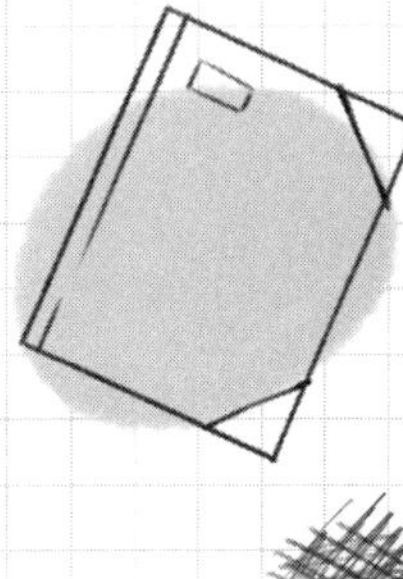

CLASSIQUE
REVOLUTION
HORMONALE

D'abord faut que je te parle de la rentrée. Sorry journal, j'ai pas eu le temps. Entre les fournitures, les cahiers à recouvrir, l'emploi du temps à comprendre, les noms des profs et des salles de classe à retenir, la tablette à aller chercher à l'école et à savoir utiliser... Bon, pas pour jouer à *Candy Crush*, *Clash of Clans* ou *Subway Surfers*, hein... Oui, elle est moderne mon école, tous mes livres sont en mémoire dans la tablette. Enfin, tous... Mamie Téti, mon arrière-grand-mère qui a du mal avec les ordinateurs et les télécommandes, a failli tomber dans les pommes quand elle a appris que les manuels scolaires, comme elle dit, sont dans une tablette. Elle a dit « Mon Dieu, quelle horreur, je ne comprends plus rien, ma pauvre chérie, ce monde est fou. » Puis elle s'est mise à fredonner *Bambino* de Dalida. Moi j'avoue je connais pas Dalida. Elle est morte il y a longtemps. Mais mamie Téti connaît toutes ses chansons par cœur, elle l'adore, du coup à force moi aussi je connais ses chansons par cœur, mais je le dis pas aux copines, c'est un peu la honte. « Et gratte gratte sur ta mandoline mon petit bambino... » Bonjour la honte !!!

Avoue, elle est chelou mon arrière-grand-mère. Pour la musique, elle est larguée. Journal, je vais pas te faire écouter, fais-moi confiance.

« Dalida, c'est pas possible, mamie Téti, c'est pour les vieux gagas... » Maman m'a fait des gros yeux. J'étais un peu bête de dire ça. Une arrière-grand-mère, c'est jamais jeune.

Cela dit avec la musique, je dois pas faire ma maligne. Au CM2, pendant trois semaines, j'étais à bloc sur les chansons de Calani. Je les connaissais toutes par cœur et je faisais même des chorés avec mes copines. Je trouvais même qu'il était beau. Alors qu'aujourd'hui, je me bouche le nez, les yeux les oreilles. Eh oui, journal, maman et papa disent que c'est ça d'être préadolescente. Ils disent « Nine, tu es une vraie préadolescente. » Ils disent le mot très lentement comme si c'était un code secret ou quelque chose de très sérieux. Mon papa il fait président de la République quand il dit « Ma fille, tu es une vraie préadolescente ! »

Journal, je t'explique.

Être préado, c'est pas compliqué comme être adolescent, c'est un peu compliqué.

C'est pas casse-pieds, c'est un peu casse-pieds.

Pour être précise, c'est entre 10 ans et 12 ans. Maman dit qu'avant, quand elle était jeune, c'était entre 12 et 14... Et mamie Téti soupire « Mon Dieu, tout va trop vite, ma Nine adorée, reste mon petit bébé le plus longtemps possible. »

Bon, je sais on peut pas dire que c'est pile entre 10 et 12, ça dépend des personnes. Mais c'est vrai qu'entre 10 et 12, c'est la révolution et qu'elle commence avec l'entrée en 6^e^.

Je me rends bien compte moi que je change. Pas comme les années d'école élémentaire. Plus, plus vite et surtout, je me comprends pas tout le temps. Comme si j'étais un peu bizarre, avec un mode d'emploi qui ne correspond pas, ou comme si je jouais au Monopoly avec les règles du Mille Bornes. Bref, ça fait détraqué. Bon, n'aie pas peur journal, je suis normale hein. C'est juste que je vois que tout change dans ma vie, sur mon corps, mon visage, mes cheveux, mes goûts, sauf mon goût pour le chocolat.

Maman, l'autre jour au petit-déjeuner, elle m'a fait un vrai discours sérieux. J'avais mis mon slim et mon chemisier en jean, puis je me suis énervée en disant que c'était moche et que je pouvais pas aller à l'école comme ça, c'était trop la honte. Je suis allée me changer et je me suis fâchée contre Lardon qui faisait la grosse commission alors que j'avais envie de faire pipi. Le pauvre, il y était pour rien. Maman est restée très calme, moi, j'arrêtais pas de soupirer en mode pff, pff, pff.

Et là, maman m'a fait une petite pièce de théâtre, oh là là. Je me souviens de tout, journal. « Léopoldine, la préadolescence c'est un peu avant l'adolescence. C'est comme sentir qu'il va y avoir une grosse tempête et qu'en attendant il y a des petites gouttes de pluie, c'est un apéritif avant un gros repas de fête, c'est un grain de poivre avant d'avaler un pot de moutarde entier. C'est les pentes du Grand 8 avant le looping final. C'est la vague qui fait tomber avant celle qui fait boire la tasse... »

OK, OK, journal, là on voit que maman elle ~~kiffe~~, heu pardon elle adore la mer, parce que son truc des vagues, ça marche pas pour ma copine Lauren qui va toujours en vacances près d'un lac dans les Alpes ou ma copine Salomé qui se baigne dans une piscine et qui n'a jamais vu un drapeau orange de sa vie. En tout cas, j'ai compris maman.

Et je comprends que ça va être très compliqué.

Je comprends que j'aime les câlins de maman puis je les déteste. Je comprends que j'aime moins quand papa me fait des bisous comme avant. Je comprends que quand je commande une pizza quatre fromages après je suis jalouse parce que Léon a pris une Margherita et qu'elle a l'air meilleure. Je comprends que je dois mettre des brassières avant de porter des soutiens-gorge. Je comprends que quatre poils sous les bras c'est trop et que ça va continuer. Je comprends que je dois utiliser du déodorant parce que je sens plus Mixa bébé à la fin de la journée. Je comprends que Léon est mon petit frère adoré que j'aime à la folie et que Léon est mon petit frère super relou que je peux pas supporter. Je comprends que maman a un nouvel amoureux et que c'est super pour elle mais que j'ai peur qu'elle m'aime moins que lui. Je comprends que je rêve d'un téléphone portable alors que je suis incapable de ranger ma chambre. J'ai compris que je veux m'habiller comme Judy, la plus jolie fille du collège. Puis que dans la même journée, je trouve ça nul de vouloir imiter quelqu'un de si différent de moi. Je pleure puis je ris puis je pleure puis je ris en très peu de temps. Comme des points d'exclamation qui se mélangent avec des points d'interrogation et des points de suspension avec des virgules.

Tu vois journal, préado en ponctuation, ça donne un truc très spécial.

?!!!,... !!!!!!??????!!!!!!,,,,,,,... ?!...

6e 2

Photo de classe en groupe.
Je suis la troisième en partant de la gauche au deuxième rang.

Journal, je vais te mettre ma photo sur la première page.
Tu vas voir, je suis grande, je dépasse même les garçons.
Paraît que c'est bien d'être grande… ben moi je préfère être petite.
Grande, ça se voit trop.

Sinon, est-ce que tu aimes ma dégaine ?
Je te raconte pas comme j'ai réfléchi.
Je voulais faire jolie mais pas trop.
Pas crâneuse quoi.

(Mais eux, ça compte pas vraiment.)

Cette année, j'ai décidé de bien travailler. Je sens que c'est important. Ce ne sera pas facile, mais bon, maman et papa m'ont toujours dit que si je travaille très bien, du style dans les trois premiers, ben c'est le paradis.

Et journal, toi comme moi, le paradis, ça nous plaît. On peut tout faire au paradis. Pas de limites.

À l'école élémentaire, j'ai toujours été très bonne élève. Beaucoup de A. Que des A. Vraiment, journal. Si tu ne me crois pas, je peux te montrer mon dernier livret scolaire.

Alors, Léopoldine : « Maths, très bonne élève, sérieuse et pleine d'initiatives. » Et toc !

« Français, élève très sérieuse avec des facilités en rédaction. Mention spéciale en poésie. Léopoldine doit se concentrer sur l'orthographe. » Bon, j'avoue. Parfois, je laisse le s à la porte.

« Histoire-géographie, excellente année. Beaux exposés. Attention au soin des cartes. » Coloriage, j'ai passé l'âge quand même...

Tu me crois maintenant ?

Alors oui je suis super forte en récitation. Tu sais, la maîtresse avait même inventé une note spéciale pour moi, A++++. Parce que j'adore jouer comme une actrice, mimer, me déguiser. Un jour, mon copain, enfin pas vraiment mon copain, mais bon, il a eu la même note que moi. Je te raconte pas le drame, j'ai pleuré pendant deux heures. Du coup la maîtresse a convoqué les parents. « Léopoldine doit accepter de partager et éventuellement d'échouer. Léopoldine se met trop de pression. »

C'est vrai qu'avec le divorce de papa et maman et tout ce qu'ils devaient régler, je voulais pas me faire remarquer avec les mauvaises notes. Alors la poésie, c'était ma spécialité, je ne voulais pas qu'on me dépasse.

Papa et maman m'ont expliqué que c'était pas grave de pas toujours être la première. Qu'ils étaient très fiers de moi...

J'étais contente.

Mais au fond de moi, je voulais terminer toute seule l'année avec un A++++.

La récitation, c'était :

« Une grenouille vit un bœuf
Qui lui sembla de belle taille.
Elle, qui n'était pas grosse
en tout comme un œuf,
Envieuse, s'étend, et s'enfle, et se travaille,
Pour égaler l'animal en grosseur,
Disant : "Regardez bien, ma sœur ;
Est-ce assez ? dites-moi ;
n'y suis-je point encore ?
– Nenni.
– M'y voici donc ?
– Point du tout.
– M'y voilà ?
– Vous n'en approchez point."
La chétive pécore
S'enfla si bien qu'elle creva... »

Bon je m'arrête là. T'as vu la mémoire de dingue.

J'ai eu A++++.

Tout le monde s'est levé.

J'avais un déguisement moitié bœuf moitié grenouille. Et j'étais accroupie pour faire la grenouille.

Mon copain a eu A.

Franchement c'était bien payé, il avait oublié un mot et un point. Et sa grenouille, c'était plutôt une poule.

Bon, mon problème pour te dire la vérité, c'est plus le comportement. C'est pas parfait.

Je bavarde.
Un peu.
Je bavarde.
Beaucoup.
Je bavarde.
À la folie.
Je bavarde.
Passionnément.

Et maman et papa, ils veulent que je bavarde **PAS DU TOUT.**

Tu t'en doutais ?

Bon en fait je bavarde pas beaucoup, mais toujours au mauvais moment et il faut toujours que la maîtresse me voie. L'année dernière, j'étais la chouchoute alors j'avais pas beaucoup de punitions. Au pire, je devais recopier un mot d'excuse. Ça allait.

Cette année, j'ai plus de maîtresse mais plein de professeurs. Ça va être plus difficile. Je ne pourrai pas être la chouchoute de tous. Et le collège, c'est sévère.

Il paraît qu'on est puni pour un rien. On a des heures de colle. Ça fait peur.

Tu sais ce que c'est toi, les heures de colle ?

En fait, c'est l'école qui te convoque et tu dois venir les jours où tu n'as pas cours pour faire des devoirs en plus. Le mercredi après-midi ou le samedi matin. Parfois, il paraît qu'on te demande de nettoyer la classe, les bureaux, les chaises... Papa dit que c'est comme à l'armée. Corvée Léopoldine, exécutez, à vos ordres chef ! Et moi ça me fait peur, parce que je ne veux pas faire la guerre, jamais. Je suis océan Pacifique comme ma maman.

Journal, si j'ai des heures de colle, c'est la honte. Je te le dirai, bien sûr, mais pas à mes doudous. Ils me connaissent depuis bébé, ils m'adorent à la folie, je ne voudrais pas qu'ils me prennent pour une peste ou une reine des bêtises. Je veux pas être abandonnée par eux et qu'ils se réfugient chez mon petit frère.

En plus, pardon mais les colles c'est toujours au pire moment de la journée et de la semaine.

Le samedi matin, j'aime bien regarder un film avec Lardon. Le mercredi après-midi, j'ai mon cours de comédie musicale. Oh là là, faut que je te parle de ça aussi. C'est nouveau cette année.

Je vais apprendre à chanter danser jouer tout ça en même temps. Faut que tu voies *Chantons sous la pluie*... Faut que tu voies *Les Parapluies de Cherbourg*... Non, non, il ne fait pas toujours mauvais dans les comédies musicales. Il y a beaucoup de soleil. Faut que tu voies *West Side Story*, *Cats*, *Mary Poppins*, *Billy Elliot*... Tout ça en chanson et en danse, moi c'est mon rêve. D'être sur scène et d'être regardée et applaudie par les gens. Un peu comme pour mes poésies mais en plus grand et avec de la musique.

Faut bien chanter, moi je sais pas si c'est mon fort mais je veux essayer. Maman, elle me dit que j'ai l'âge pour essayer. Que dans la vie, c'est bien de suivre ses passions et de ne rien regretter. Papa, lui, dit que je ne peux pas faire mille choses et qu'il faut rester concentrée sur une activité à fond. Sinon, je ferai tout mal. Ben voilà ; journal, c'est ça grandir. C'est avoir des responsabilités. Quand j'étais bébé je pouvais jouer en même temps à la dînette, à la poupée, aux voitures, à la pâte à modeler, au coloriage, aux Lego, aux Playmobil, tout le monde disait « Oh c'est merveilleux cette petite Nine, quelle imagination. Elle peut tout faire en même temps. Quelle maturité pour son âge. » Merci beaucoup préadolescence, prépuberté, pré-tout... moi aujourd'hui j'avais très envie de redevenir un petit bébé avec un parc et une montagne de jouets tout mélangés.

Areuh areuh areuh
Beubeubeubeu
Pffpffpffpffpffpff
Grghrghrghr

Mais panique pas journal, je vais pas te laisser. C'est bon, je ne veux pas remettre des couches, boire au biberon et faire la sieste. Je suis très heureuse tu sais de devenir une jeune fille. C'est juste que c'est pas aussi facile que ce que je pensais.

GRANDIR

GRANDIR

GRANDIR

GRANDIR

GRANDIR

GRANDIR

## 26 Octobre

C'est la cata.
J'ai deux heures de colle.

Je vais écrire en encore plus petit,
pour que personne ne puisse lire à part toi et moi.

J'avais oublié ma colle à la maison.

C'est débile, ou pas ?!

Heure de colle pour de la colle...

la méga honte.

Je dirais même que je me COLLE la MEGA HONTE !

Comment ça s'est passé ?

Je me suis retournée vers **Baptiste**
et Mme Giscard m'a hurlé dessus.

Léopoldine, taisez-vous.

Léopoldine, donnez-moi votre carnet de correspondance.

Léopoldine vous ferez signer ce mot à vos parents.

Léopoldine, vous êtes convoquée samedi prochain à 9 heures.

Faut que je te dise qui est Mme Giscard.

Faut que je te fasse la liste de mes profs et que je te les décrive en détail.

Faut que je te parle de Baptiste, le beau gosse de la classe.

Mais avant tu dois connaître la raison de mes deux heures de colle. Oui, j'avoue c'est de ma faute. J'ai oublié ma colle sur mon bureau dans la chambre chez papa. C'est la faute de Lardon aussi. Hier soir, il fallait que je lui colle des polycopiés dans son cahier de vie parce que monsieur avait fait tomber son tube dans les toilettes... Je suis une gentille sœur, donc j'ai couvert Léon, j'ai rien dit à papa pour pas qu'il soit puni. En prime, Léon m'a fait un câlin. Ce qui est super rare, puisqu'il est plus du genre à donner des claques en me bavant dessus.

Après, je me suis lavé les dents, après j'ai un peu lu, après papa m'a fait un bisou nuit, c'est-à-dire un gros bisou pour faire une super nuit sans cauchemars après...

Je suis partie à l'école sans colle. <u>SANS COLLE</u>.

Le mardi, le français, c'est de 11h05 à 12h00.

Tiens d'ailleurs, faut que je te donne mon emploi du temps. Pour que tu saches toujours où je suis et ce que je fais.

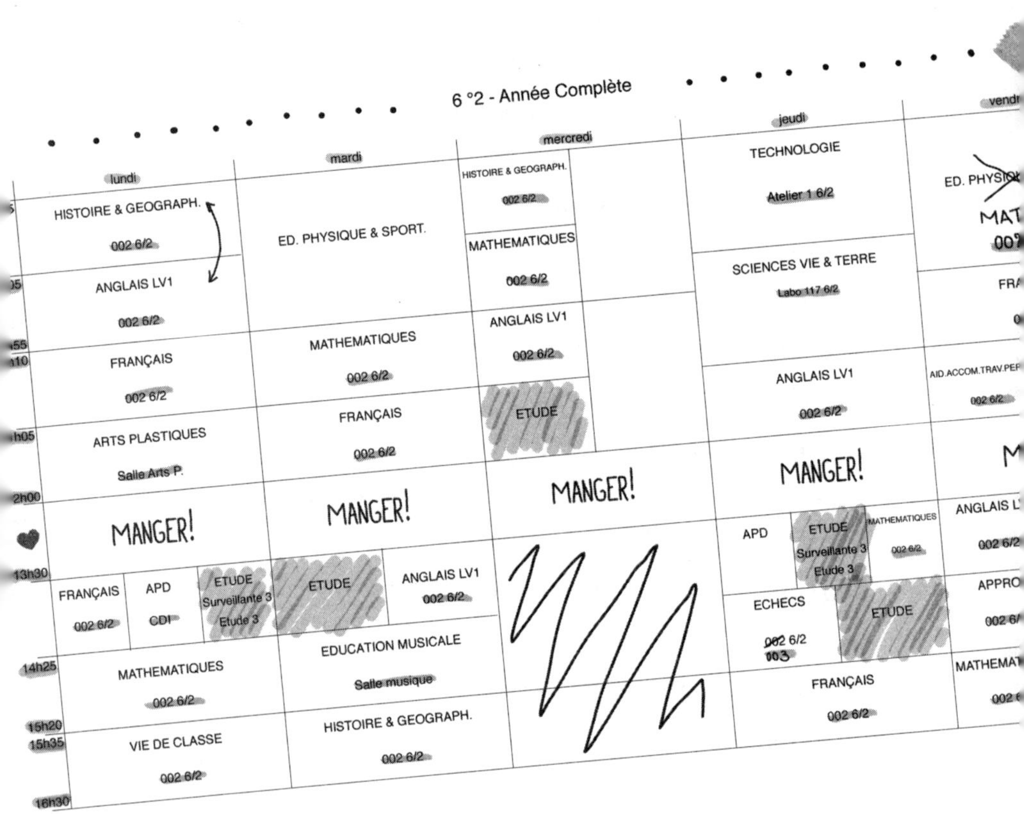

Tu as vu, c'est impressionnant un emploi du temps de 6e.

Il faut changer de classe à chaque fois. Parfois on est super pressé et le prof d'après supporte pas qu'on arrive en retard. Dans les escaliers, ça pousse et parfois il y en a qui tombe. Bienvenue en 6e. Bon, moi je ne tombe pas, je suis plus du genre à faire tomber. Mais pas exprès. Je suis grande et musclée mais les plus petits de 6e surtout les filles qui sont un peu chochottes avec leur serre-têtes à fleurs, elles finissent en crêpe (sans Nutella) sur les marches.

Quand je suis arrivée au collège, j'étais super impressionnée. Je passais de plus vieille de l'école élémentaire à plus jeune du collège. Quand on est en CM2, on est un peu les rois et les reines. On fait la loi dans la cour de récré. On est chef. On connaît toute l'école par cœur, les noms de tous les maîtres ou de toutes les maîtresses qui nous connaissent depuis le CP, même parfois depuis la Petite section, les surveillants aussi, leurs manies, ceux qui sont sympas, ceux qui sont relous, ceux qui nous engueulent pour un rien, ceux qui veulent bien nous aider à organiser des parties de balle au prisonnier.

Là, au collège, ça change. On regarde les grands de 3e comme les patrons. Le problème c'est qu'ils fument presque tous et que mamie Diamant, mamie Téti, maman, papa, même si lui aussi fume une ou deux cigarettes de temps en temps, disent que c'est très très très très très grave.

## TRÈÈÈÈÈÈÈÈÈÈÈÈÈÈS

Je crois qu'ils disent « très » encore plus de fois.

Quand ils parlent de ça, ils font des gros yeux de film d'horreur.

L'autre jour, mamie Diamant passe devant une fille de 3e qui fume et que je trouve super jolie, genre trop stylée avec un slim parfait et des boots trop parfaites, mamie Diamant parle carrément super fort et dit « Elle sera pas jolie longtemps... qu'ils sont stupides ces jeunes. Et arrête de dire "trop ceci trop cela", Léopoldine, on dirait une attardée. Deux choses feront la différence dans l'avenir, comment tu t'exprimes à l'oral et si tu fais des fautes d'orthographe. Ma poupée, la vie ça se joue sur des détails. »

Et vlan prends ça dans ta tronche, Nine.

À 10 ans, je vois bien que les détails ça va devenir important. C'est comme la décoration de la chambre. Si elle est jolie mais que c'est super mal rangé, ben on ne verra que le désordre. Détail. Si je fais une dictée et que j'écris mal et ma copie est sale, ben même si j'ai zéro faute (on rêve !), ça donnera une mauvaise impression. Détail. Si je veux devenir une grande actrice de comédie musicale et je ne travaille pas mon anglais, ben je serai très limitée parce que beaucoup de belles comédies musicales sont en anglais. Détail. *Yes, I know, it's very important to speak English.*

Oui, mamie Diamant a raison. Je dois faire la différence même si c'est compliqué de toujours faire la différence.

Retour en arrière.

Mamie Diamant parle un peu fort parce que ses oreilles ne marchent pas très bien.

Tu captes, journal ? Elle est dure d'oreille même si ce serait plus logique de dire molle d'oreille.

La grande de 3e a tout entendu. C'est comme si mamie Diamant avait parlé avec un haut-parleur.

*Je suis devenue rouge*
*comme une tomate*
*puis blanche comme de la mozzarella.*

*La honte suivie du stress.*

C'est horrible comme c'est gênant, journal. En plus, mamie Diamant pour dire un truc aussi méchant, c'est que ça doit être vraiment grave. Ou vraiment vrai. En tout cas, je ne suis pas près de l'oublier, moi. Même si tout de suite, c'est pas ça qui me fait peur. Je suis en fixette sur la grande de 3e.

Peu importe si ce que dit mamie Diamant c'est vrai ou faux. Moi je ne veux pas me faire remarquer à cause de ma grand-mère.

1. Imagine la grande de 3e a entendu.
2. Imagine elle le répète aux autres.
3. Imagine que les autres se vengent.
4. Imagine que plus personne ne me parle.
5. Imagine je fume plus tard.
6. Imagine papa et maman l'apprennent.
7. Imagine je fais tout mal dans la vie.
8. Je ne peux pas imaginer ça. Je veux être artiste, chanter danser et jamais être essoufflée, c'est impossible en fumant comme un pompier.

**9.** Imagine j'arrête de dire trop ceci et trop cela.

**10.** Imagine je deviens odieuse tout le temps.

**11.** Imagine je n'aime plus écrire.

Attends, journal, deux minutes, Léon tape à la porte de ma chambre. Cette année il y a des règles très strictes.

Premier panneau : « Frappez avant d'entrer ».

Deuxième panneau : « Donnez le code secret ».

Troisième panneau : « Code : Happy ».

*Pause...*

## 26 Octobre

Pardon journal, il est très tard, je devrais dormir mais je t'ai laissé comme une vieille chaussette sans te décrire mes professeurs.

Mme Giscard
(français)

Mme Gonzales
(english)

Mme Marzoti
(histoire-géo)

M. Beauregard
(maths)

Professeurs de la 6$^{e}$ 2 :

Mme Giscard est ma prof de français.

Il paraît qu'elle a le même nom qu'un président de la République français d'autrefois. J'ai fait mon enquête, ils ne sont pas de la même famille. Avec les copains, on est allés voir des photos sur internet. Il s'appelle Valéry, il est chauve et a des tout petits yeux, on s'est dit que c'était impossible qu'il soit de la même famille. Ma prof a des grands yeux, beaucoup de cheveux frisés et un gros popotin comme dirait mamie Téti pour ne pas faire de peine en disant des grosses fesses...

Journal, que tu sois au courant, mamie Téti, elle est trop mignonne, comme elle ne veut pas dire des choses pas gentilles elle utilise d'autres mots. Quand quelqu'un est trop moche, elle dit « il a son charme à lui ». Quand quelqu'un est bête elle dit « il a une autre forme d'intelligence ». En fait mamie Téti, c'est le contraire de mamie

Diamant qui dit toujours très fort ce qu'elle pense, même un peu en exagéré.

Je te sens largué, journal. Tu te souviens quand même ? Ben on dirait pas ! Mamie Diamant c'est ma grand-mère. La maman de maman. Celle qui aime les pulls avec des brillants partout. Mamie Téti, c'est mon arrière-grand-mère. La maman de mamie Diamant. Celle qui aime boire du champagne et qui pense que tout était mieux avant. Elles sont géniales mamie Diamant et mamie Téti.

Bon, je reprends l'histoire.

Mamie Téti : « Il fait un temps correct sans plus. »

Mamie Diamant : « Quel temps dégueulasse. »

Mamie Téti : « Comme ce repas est original. »

Mamie Diamant : « Comme ce repas est dégueulasse. »

Mamie Téti : « Elle a son caractère, c'est sa personnalité après tout. »

Mamie Diamant : « Elle un caractère pourri et une personnalité qui va avec... dégueulasse. »

Le mot préféré de ma grand-mère c'est « dégueulasse ». Je sais que c'est un mot grossier mais quand elle le dit c'est drôle. Parce qu'elle est plutôt très chic ma mamie alors ça fait un contraste.

En fait ma maman elle ressemble un peu aux deux. Elle est pile au milieu. Et moi quand je serai grande je veux être pile au milieu comme elle.

Alors, oui, Mme Giscard adore le jaune, le rose et les jupes plissées. Elle a une voix aiguë qui fait mal aux oreilles. Quand elle te crie dessus les murs tremblent et la tour Eiffel aussi. La colle, je peux te dire, je ne l'oublierai plus jamais.

Je vais me faire une affiche dans ma chambre.

*Vérifie ta trousse*
*Vérifie ton cartable*
*Pense à Mme Giscard*

Mme Gonzales est la prof d'anglais. Papa dit en riant que c'est bizarre de s'appeler Gonzalez pour un prof d'anglais. C'était plus logique Miss Bond ou Miss White. Elle est super cette prof, en jean et bottes de motard. Elle a des yeux bleus et des lunettes rondes qui ressemblent à des hublots. Je sens qu'on va bien s'entendre toutes les deux. En plus, elle adore les comédies musicales. Faut que je sois la première cette année en English.

Mme Marzotti est la prof d'histoire-géographie. Elle a un petit cheveu sur la langue et comme on se moque beaucoup on dit que c'est un des cheveux de Mme Giscard vu qu'elle en a beaucoup. Elle est d'origine italienne et elle s'habille comme si elle vivait à l'époque. Ben à l'époque de quoi, je me demande, journal... Entre Cléopâtre, Astérix et Ben Hur. C'est chelou. En plus, elle se maquille ouh là là là... on dirait un film d'horreur, elle a du rouge à lèvres rouge et des yeux peints en noir. Elle fait un peu sorcière mais j'aime bien quand elle parle de l'histoire avec un grand H, comme elle dit toujours.

Mamie Téti : « Elle a un vrai look spécial et ça lui va bien à cette dame, finalement. »

Mamie Diamant : « Elle a un vrai look dégueulasse et tant mieux que personne ne la copie. À part du démaquillant je ne vois pas quoi lui conseiller. »

Maman : « Elle est super cette prof. J'adore sa manière de parler de l'histoire aux enfants. Elle sait les intéresser avec des exemples précis et des extraits de films historiques. »

Mamie Diamant : « Oui des films où elle pourrait jouer dedans. C'est bien ce que je dis ! »

M. Beauregard est le prof de maths. Bon il a une barbe et des lunettes comme le Professeur Tournesol. Super sévère. Il dit toujours « alors aujourd'hui on va reprendre les fractions, alors aujourd'hui on va reprendre les triangles isocèles,

alors aujourd'hui on va reprendre ce que vous avez essayé d'apprendre hier, vous êtes nuls, vous ne comprenez rien, interrogation surprise ». En fait, M. Beauregard, qui louche un peu trop pour s'appeler comme ça, est le spécialiste de l'interrogation surprise. Quand il dit vous aurez un contrôle, on a rien. Quand il dit rien, ça sent mauvais pour nous.

Pour l'instant mes notes avec lui :
15-17,5-14-18-12.

Papa n'était pas content pour le 12.

Maman n'était pas « pas contente » mais elle a quand même dit que papa avait raison de ne pas être content.

Tu comprends toi ? Moi, non !

Ah les parents divorcés, je te jure. Parfois on dirait qu'ils n'osent pas dire ce qu'ils pensent pour ne pas faire de problème. Ils font des phrases compliquées et jouent au ni oui ni non.

Maman, avant, avant le divorce je veux dire, elle aurait dit. « Je trouve que 12 c'est pas super mais tu vas te rattraper et dis-moi ce que tu n'as pas compris, ma chérie ».

Maintenant elle dit « Je pense comme ton papa mais je dis pas comme ton papa mais il a raison mais je pense que moi aussi j'ai raison. Bon maintenant va faire tes devoirs et si tu n'as pas compris les maths, je t'expliquerai. Ton père n'a pas eu le temps, j'imagine ? »

Là journal, c'est une vraie phrase de parents divorcés. Comme si moi je ne savais pas qu'ils se disputaient en cachette. En fait, c'est pas vraiment se disputer, c'est plus s'accrocher, comme un scratch de basket, c'est pas super confort, ça gratte et ça fait du bruit.

Le divorce, c'est quand on s'aime plus, donc on veut plus vivre ensemble. Mais on doit continuer à régler plein de problèmes ensemble. Des problèmes comme Léon et moi. D'habitude, quand on est mariés, on règle ça le soir au dîner et on essaie d'être d'accord avant le dessert. Bon, on n'est pas toujours d'accord mais si on est ensemble et si on s'aime, ben on voit les choses un peu pareil. Quand on s'aime plus et on change de vie, ça se complique, tu vois. C'est comme si les yeux ne servaient plus à voir les mêmes choses. Papa, quand il voit le soleil, il se dit, tiens, c'est rond. Et maman, elle dit ben non, c'est jaune. Non d'abord c'est rond, non d'abord c'est jaune. Avant ils auraient dit, on s'en fout c'est « raune » ou « jond ». T'as raison chérie. Toi aussi chéri. Puis grand éclat de rire. Bon là ils sont plus du tout sur la même planète même pour le soleil.

Journal, je vais te donner plein d'exemples.

Tennis pour Léon, on dit mercredi ou samedi.

Papa : mercredi.

Maman : samedi.

Comédie musicale pour Nine, tu t'occupes du justaucorps et moi des chaussons.

Papa : ben non voyons, plutôt du sac.

Maman : ben non le sac je l'ai déjà acheté.

Dentiste pour les deux.

Papa : à 17 heures je suis au boulot tu t'en occupes.

Maman : à 17 heures je suis aussi au boulot. Tu peux pas prendre des horaires corrects.

Tu vois, ils ne sont pas vraiment d'accord.

Moi je sais qu'ils se sont aimés, mais vraiment ça se voit pas. On dirait qu'ils ont rien en commun.

À part nous, oui, je sais journal.

Il est tard.

Je vois tout en noir.

C'est la préado !

Bonne nuit.
Good night.
Bisous toi.
Bisous Spoutnik.
Bisous Pica.
Bisous Dilly.

*Bisous à tous les gens que j'aime.*
*Bisous à B.*

Chut, journal, bientôt je te parlerai de Baptiste.

## 12 novembre

Ce soir on dîne pour **la première fois** avec Damien dans une pizzeria. Léon adore la Margherita et moi la Quatre Fromages. Alors on était très contents. Il paraît que Romy et Victor, les enfants de Damien, aiment autant les pizzas que nous.
Mais eux, c'est normal, ils sont italiens. (Ah oui, je t'ai pas dit. Damien vient de Sicile et en vrai il s'appelle Damiano. Mais quand il est à Paris il se fait appeler Damien. Victor et Romy parlent couramment italien. Vittorio et Romana. **Trop de bol.** Nous avec Léon on veut s'appeler Léopoldina et Léono. Leur maman est italienne aussi. Moi mes deux parents sont français et même si maman elle dit qu'elle a des origines italiennes, elle parle italien comme une vache espagnole.)

Bon c'est déjà ça, journal. Imagine qu'ils préfèrent langue de bœuf ou choux de Bruxelles, ça aurait été compliqué.
Il paraît qu'ils vont tous les ans en Sicile en vacances et que c'est super-beau. Mais moi j'y suis jamais allée. Ni en Italie. Ce que je sais, c'est que tout ce que j'aime en nourriture c'est italien : tomates mozza, melon jambon, lasagnes, pizza, canneloni, risotto, escalope milanaise, tiramisu, panna cotta... même l'eau pétillante.

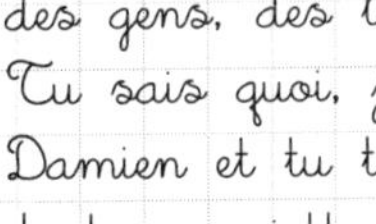

Peut-être qu'**un jour** on ira en Sicile.
Peut-être qu'**un jour** je parlerai italien.

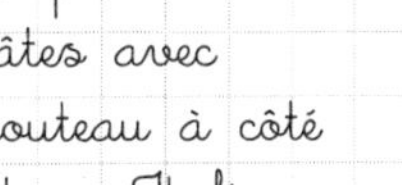

C'est compliqué. J'ai l'impression de découvrir un autre monde avec des gens, des langues, des habitudes que je ne connaissais pas.
Tu sais quoi, journal. Il paraît que si tu manges des pâtes avec Damien et tu te sers d'un couteau ou même s'il y a un couteau à côté de ton assiette, c'est le drame. Limite prison. C'est interdit en Italie. C'est pour les gros ploucs tu comprends. Moi j'ai toujours fait ça avant, alors là faut que je fasse gaffe.

Je vais me coucher. Je te raconte demain. Il y a trop de trucs.

**Ciao.** *
(*Salut)

## 13 Novembre

Qu'est-ce que je vais leur dire …?
Il faut que j'aie l'air COOL
Est-ce que je dois sourire à Domien?
J'avais peur. Mais peur. Mais peur.
gla gla gla.
Je me pose peut-être trop de questions …
Il fout pas que je fasse honte à Maman …

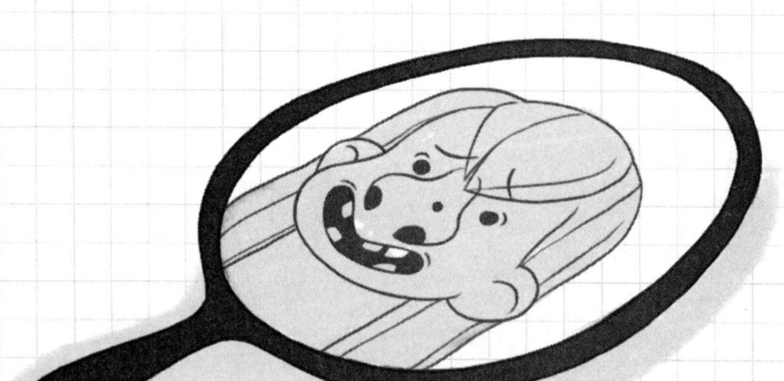

On se fait tout un monde des gens qu'on ne connaît pas, mais finalement c'est pas la fin du monde. Surtout, il faut être naturel. C'est maman qui dit ça. Il faut être soi même parce qu'après si on change trop, on nous reconnaîtra pas la prochaine fois.

Pour te dire la vérité, journal, le dîner était génial. Je l'avais imaginé des centaines de fois, je le redoutais même, mais je me suis régalée.

Tu sais, l'année dernière avant les vacances, on devait déjà les rencontrer mais Léon n'a pas voulu. Il avait fait une crise énorme. Léon, il est très sensible et timide. C'est le champion du monde des crises. Quand il ne connaît pas, maman dit que c'est un petit sauvage. Il fait jamais de bisou à part à la famille et encore la famille, c'est nous trois... enfin notre famille d'avant.

Maman m'avait juste montré une photo de Damien sur son portable, moi je l'avais trouvé beau quand même, des yeux bleus, un sourire gentil et Léon, lui, avait dit « trop mocheberck dégueu »... Léon quoi ! Normal ! Même moi, il me trouve moche.

Je suis moche, journal ?

Je crois que j'ai un tout petit petit petit minus bouton sur le nez.

Paraît que c'est la préado.

Déjà que je trouve mon nez gros.

Paraît que c'est la préado.

Au secours.

Elle est où ma peau de bébé ? Mon petit nez en trompette ?

C'est dur de vieillir.

Alors oui, je reprends. Je sais que maman avait déjà vu Romy et Victor sans nous, et ça, ça nous avait énervés à fond avec Lardon. Notre maman, elle est à nous, pas question qu'elle s'amuse avec d'autres enfants qu'on ne connaît pas encore et qui sont italiens.

On est partis tous les trois de la maison en métro. Elle ne voulait pas qu'ils viennent nous chercher. J'ai pas compris pourquoi. Peut-être que maman ne sait pas comment Damien conduit et qu'elle se dit que c'est plus prudent. Bon en même temps, c'était pour aller dans Paris, pas pour faire une course sur un circuit.

Maman était super nerveuse. Elle a oublié son portefeuille, puis son portable, puis un jeu de cartes parce qu'elle avait peur qu'on s'ennuie ou qu'il y ait des blancs dans la conversation. Elle voulait que tout soit parfait et en attendant elle ratait tout. Pauvre maman. On aurait dit Léon quand il a un tournoi de tennis et qu'il joue avec le petit bras. Tu sais ce que ça veut dire cette expression journal. En fait, c'est pas qu'il a un petit bras, c'est juste qu'il a peur et qu'il joue tout bloqué et tout mal.

Ah oui, tu sais ça ou je l'ai dit à l'autre journal ? Lardon est vraiment fort au tennis. Il est à l'entraînement compète. Il joue trois fois par semaine. Il est fort mon frère. Mauvais caractère mais fort. Papa dit que pour réussir il faut avoir un mauvais caractère qui te fait avancer mais pas qui te freine. Si c'est pour râler tout le temps, frein. Si c'est pour être battant et motivé, accélérateur. N'empêche, Nadal sera un vieux pépé quand Léon sera champion.

Maman est remontée trois fois à l'appartement avec notre ascenseur escargot. Lardon et moi on s'est moqués d'elle. Oh elle est amoureuse, oh elle est amoureuse.

On faisait les malins mais on n'était pas tranquilles mon frère et moi.

Comment ils étaient ?

EN VRAI, ils avaient quelle tête, quelle voix, quel style ? Est-ce que dans une vie normale, on aurait été copains et copines ? Comment maman allait être avec Damien ? S'ils allaient se tenir la main ? Des bisous ? On lui avait interdit.

Bon, sinon, je te dis la vérité mais je l'ai dit à personne. C'est trop classe, Victor a un an de plus que moi, c'est un préado aussi, j'ai trop de chance quand même. Et Romy, ben c'est comme une petite sœur. Je ferai la chef tout le temps. Et je te dis une autre vérité. Je me suis changée quatre fois pour le dîner. Je voulais être stylée. Si Damien, Romy et Victor, c'est notre nouvelle famille, la première impression est super importante.

On est sortis.

Métro, trois stations.

Lardon avait envie de faire pipi. Comme d'hab, toujours au mauvais moment.

Quand on est arrivés au restaurant… j'avais le cœur qui battait à toute vitesse. BOUM BOUM BOUM.

Damien s'est levé. Salut Nine, salut Léon. Il m'a fait une bise et a tendu la main à Léon. Il devait savoir que la bise avec lui c'est niet.

On s'est assis tous les trois en face des trois autres.

On n'osait pas trop se regarder.

J'ai tout de suite remarqué que Victor avait une super belle montre blanche et Romy les mêmes ballerines que moi.

Maman a dit « Oh moi je meurs de faim ».

Damien a répondu « Moi aussi mon amour, je leur de faim. »

Victor, Romy, Léon et moi, on a explosé de rire. Mon amour par-ci, mon amour par-là. Bon ben au moins, c'était clair. Ils s'aimaient et voulaient que tout le monde soit au courant.

Sinon la soirée, journal.

On a parlé de l'école, de tennis, des tics de Nadal que Léon a imité, Damien a fait un tour de magie avec des cure-dents et a lancé un défi tennis à Léon qui a fait pff du genre tu rêves mon vieux, je te mets une dose, Victor m'a raconté son année en 5e, il a un prof de maths tellement sévère qu'il fait des postillons qui arrosent le tableau...

Victor est trop beau et trop sympa. Pour un demi-frère, j'ai trop de chance.

**TROP de TROP !**
**STOP les TROP !**

Suite...

... Romy a fabriqué des Rainbow Loom même si c'est plus à la mode et m'en a offert un jaune et violet ~~trop~~ beau, très beau, Damien a goûté ma pizza qu'il a ensuite fait goûter à maman qui a voulu partager celle de Victor qui a trouvé celle de Léon meilleure que celle de la dernière fois. La nappe avait des taches partout !! Mamie Diamant a appelé pour savoir si tout allait bien, un peu comme si on avait dû traverser la Seine à la nage dans la nuit, Léon l'a imitée, tout le monde a trouvé qu'il avait des talents d'imitateur, il a dit qu'il voulait pas être acteur mais champion de tennis, Damien m'a demandé ma comédie musicale préférée, j'ai rougi, j'ai dit *Matilda* alors que c'est même pas celle-là, j'ai voulu imiter maman mais j'ai pas osé, peut-être que ça n'aurait pas été gentil pour elle de se moquer et surtout je connais pas assez Romy et Victor.

Est-ce que c'est préadolescente de devenir timide devant les garçons et pas assez timide devant les profs ?

Léon a commandé une crêpe au Nutella, Romy m'a dit que j'étais jolie, on a fait un selfie tous ensemble, avec la perche de Damien, Victor nous a dit qu'il voulait devenir footballeur et Romy journaliste, puis Léon a dit à Victor que Romy parlerait d'eux au journal de 20 heures et que ce serait trop classe, Victor a dit que son joueur préféré est Cavani, Léon a dit que lui il préférait Ibra, Victor a dit au secours, Victor a dit quoi au secours, oh là là, maman a fait genre qu'elle aimait beaucoup Ibra alors qu'elle arrive même pas à dire la fin de son nom, Romy a dit qu'Ibra était coiffé comme une fille et David Luiz comme un épouvantail... J'avais jamais autant parlé de football de ma vie. Maman faisait des gros yeux, mais qui est ce David Luiz au demeurant charmant mais moi à part le cinéma et les livres, Léon était trop content car enfin il pouvait parler foot comme à l'école avec ses copains...

**SCOOP**

Damien et Victor sont pour le PSG.

Le PSG, c'est l'équipe de Paris.

Du coup, nous aussi on va être pour le PSG.

C'est les meilleurs en plus.

Damien nous a dit qu'il nous emmènerait au Parc des Princes un jour.

Léon en transe.

Maman trop contente de voir Léon en transe.

Romy trop contente de voir son papa en transe de voir maman en transe.

Ça clignotait dans le restaurant.

## TABLE EN TRANSE

Damien avait l'air de s'y connaître à fond en football et tennis, je crois qu'il travaille dans le sport mais qu'il fait pas de sport, enfin pas comme un champion, maman riait et prenait des grissini même au dessert, ça fait faire des gestes bizarres l'amour, Damien a dit que ce serait bien qu'on parte tous un week-end ensemble, on a dit « Oh oui, où ? On a donné des destinations chelous, New York, le Sahara, Madagascar parce que Léon avait vu le dessin animé le matin même à la maison. On a ri. « En Sicile. » Quand Romy l'a dit, Damien et maman se sont regardés pendant une heure et demie en mode in love débilos. On aurait pu nous kidnapper, ils auraient rien remarqué. Je sentais qu'ils en avaient déjà parlé mais que bon...

Moi « oh oui la Sicile ».

Victor « oh oui la Sicile ».

Léon avec une mèche de cheveux sur la langue vu qu'il a plus de dent « oh oui la Chichile ».

« C'est trop tôt les enfants. » Damien et maman d'une seule voix.

« Trop tôt ? Mais il est 22h30. Tu veux qu'on parte à minuit ?

– NON. Il faut attendre un peu… qu'on s'organise.

– Maman on est très organisés. Je t'aiderai à faire les valises steplé maman. »

C'est marrant la vie. On se connaît pas, puis on sait qu'on existe mais on se voit toujours pas, puis on a peur de se rencontrer, puis on se méfie, puis on est jaloux, puis on se dit c'était mieux avant, puis on est pressé de se rencontrer puis on ne veut plus se quitter.

Je sais pas si c'est normal. Si c'était le début. Ou si c'est juste parce qu'on voit que Damien et maman s'aiment à la folie alors que donc tout est normal… il ne peut rien nous arriver.

Maman : « D'abord à la campagne, à la mer, n'importe où, ça serait trop bien, enfin chouette quoi. »

La Sicile va falloir patienter.

Pourquoi ça a l'air compliqué, journal ?

Tu crois que Damien y est déjà allé avec sa femme, enfin ex-femme et que du coup ça le gêne parce que c'est neuf ? Est-ce que ça gêne maman ? Romy et Victor ont l'air archi pour en tout cas, tant mieux. Les enfants d'un côté, les adultes de l'autre. Pff. Pas drôle de grandir.

Tu crois qu'on ira à Biarritz avec eux ou l'océan Atlantique est réservé à papa et maman ?

Tu crois qu'on peut mélanger ? Après tout papa a déjà vu la tour Eiffel avec maman et Damien la verra aussi avec maman.

Puis papa a appelé.

J'étais un peu gênée, mais comme il savait qu'on voyait Damien et qu'il m'a dit « Tant mieux, amuse-toi bien mon trésor, je t'aime… »

Léon lui a dit qu'on irait peut-être au Parc des Princes voir le PSG. Papa a dit super. Maman a regardé dans son assiette comme si elle lui parlait. Damien est allé payer. Léon a raconté que Victor aime Ibra et que c'est la honte. Papa a répondu en rigolant « Mais non il est très bien Zlatan. »

Bon, du coup, j'étais rassurée. J'ai pensé que même pour papa c'était plus du tout un problème, le nouvel amoureux de maman.

J'ose te le dire, journal, ce soir, j'ai presque osé faire un sourire à Damien et je crois que lui aussi a presque osé me répondre.

J'ose te le dire, journal, ce soir, avec Romy, Victor, Damien, Léon et maman, j'ai passé une de mes meilleures soirées depuis longtemps.

Mais je veux pas le dire à papa, je ne veux pas lui faire de la peine.

Quand il aura une amoureuse, là oui je lui dirai tout.

Samedi.
15 novembre

Week-end papa.

Deux heures de colle.

Pas pu les faire avant parce que Mme Giscard voulait nous surveiller et son emploi du temps ne le permettait pas.

Première fois de ma vie. Pas envie d'en parler, même à toi.

**BAPTISTE**

Le seul truc cool c'est qu'il y avait **Baptiste**.
Vu que c'est lui qui m'a filé la colle.

Il est trop **beau**, et il est trop **intelligent**, et il est trop **stylé**
et moi je suis trop bête de dire ça sur lui...

Papa est furieux. Là je me suis enfermée dans ma chambre et j'écoute Daft Punk, *Instant Crush*. Cette chanson me fait à chaque fois pleurer je sais pas pourquoi. Lardon ça lui fait pas du tout le même effet. Il danse comme un débile et fait Batman. Ça doit être la préadolescence. Les musiques ont un autre son.

C'est maman qui me l'a fait découvrir. Maman et moi, on a vraiment les mêmes goûts pour la musique. Elle ne connaît pas que des musiques de maman, ma maman. Elle connaît aussi plein de bonnes chansons d'avant, quand elle était jeune et même préado. Madonna, U2, Depeche Mode, Michael Jackson. Un jour je te montrerai le clip de *Thriller*. Même Lardon il a pas encore le droit tellement ça ~~fout~~ fiche la trouille.

Je suis débile, je te parle de musique alors que c'est vraiment pas le sujet.

Le seul sujet du jour :

**Ma première colle**

Papa m'a dit qu'être collée en début d'année, c'est grave. En plus il voulait qu'on parte la journée à la campagne tous les trois chez des amis et là, j'ai fait foirer ses plans.

– Papa, je connais tes amis, moi ?

– Non, ce sont des nouveaux.

– Et Léon, il les connaît ?

– Non je te dis, Léopoldine. Tu écoutes quand je te parle ?

Il paraît que les parents divorcés ils ont plein de nouveaux amis. Souvent ils retrouvent des amis d'avant, des copains d'enfance. Papa l'autre jour, il est allé dîner avec son meilleur ami de Terminale, Béber pour Bernard. On l'avait jamais vu avant. Maman je crois pas qu'elle voit beaucoup ses anciens amis. Elle voit surtout Damien, c'est la seule personne qui compte pour elle. Enfin à part Léon, mamie Diamant, mamie Téti et moi.

C'est clair journal, tant que mon papa verra beaucoup d'amis avec des gros ventres et des cheveux un peu blancs ça voudra dire qu'il n'a pas d'amoureuse.

Pff, je vais lui dire, moi. Il s'y prend super mal. Après, je connais pas ses goûts d'amoureuse à papa. Si c'était que maman, il va avoir du mal à trouver. Bon je vais l'aider. Dès qu'il y aura une femme dans la rue si je la trouve jolie, ce qui n'est pas gagné parce que je trouve tout le monde moche, ben je le pousserai. Oui, il faut vraiment que j'aide mon papa.

Ce sera plus équilibré si chacun a un amoureux.

J'y vais.

Non c'est pas le moment.

J'y vais.

Journal, j'y vais ou pas encore ?

**ATTENDS !!!**

Il était super énervé papa. Je l'avais rarement vu comme ça. Même Lardon, il me tenait la main.

Mon papa, il est en train de ressembler à Mme Padac, la gardienne de maman. Jamais un sourire, jamais cool, toujours à faire la tête alors qu'il est très beau quand il sourit mon papa. Je sais que les parents c'est pas fait pour être cool mais bon.

J'ai pleuré et j'ai voulu appeler maman.

Rien à faire. Papa déteste les problèmes de comportement. Il dit une mauvaise note, ça peut passer et encore mais pas des heures de colle pour bavardage.

– Mais papa, j'avais oublié ma colle.

– Tu n'as pas à oublier ta colle.

– C'est pas comme si j'avais fait une grosse bêtise très grave.

– C'est absurde ta réponse, Léopoldine. Tu n'as pas à te retourner en classe, un point c'est tout. Et à ton âge, tu dois savoir faire ton cartable. Même Léon il ne l'aurait pas oubliée.

– Oui mais Léon…

Non non rassure-toi, journal, je suis pas une balance. J'ai couvert Léon à fond. C'est mon petit frère quand même et puis finalement il a raison mon père, c'est de ma faute la colle. J'avais qu'à y penser.

Léon m'a fait un gros câlin après. Il est venu me voir dans ma chambre et m'a serrée de toutes ses forces. On voit qu'il fait du tennis mon Lardon, il a des muscles énormes pour son âge.

On frappe à la porte.

Pas le code secret mais juste la voix de papa…

« Nine, à table ! »

Je ne bouge pas. Tête de mule.

« Léopoldine ma poupée, on mange ! »

J'aime bien quand papa m'appelle sa poupée. C'est comme s'il redevenait petit… Léopoldine ma princesse, Léopoldine ma fée… Il est trop mignon papa avec ses mots d'enfant.

Journal, je vais vite déjeuner et je te retrouve…

…

Melon au jambon.

Nuggets petits pois (63, j'aime bien les compter).

Yaourt vanille. De la vraie. Pas de la chimique. Tant mieux, la chimie, ça a l'air compliqué et ça pue souvent l'œuf pourri.

Bon, journal, j'ai pas le temps, finalement on va au tennis. Léon a une partie avec son copain Charly et moi je vais jouer avec papa.

Peut-être que sur le court à côté de nous, il y aura une jolie amoureuse sympa.

22 novembre

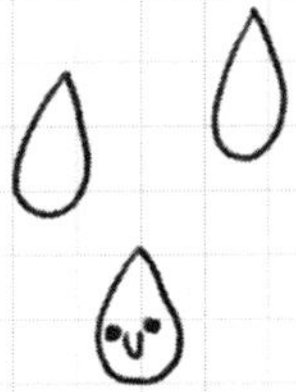

Triste nouvelle.

Toujours pas d'amoureuse pour papa.

Super triste nouvelle.

Baptiste est amoureux d'~~Alicia~~, la fille trop belle du collège.

Il s'en fout complètement de moi.
Je suis pas assez stylée comme fille.

Maman me dit que ça n'a rien à voir
et que je suis trop jeune pour penser à ça.

Quand on a des amoureux trop jeune,
après quand on est vieille on est
comme Mme Padac,
on en a tellement ras le bol
de tout qu'on reste seul.

* Bonjour, il fait beau aujourd'hui
N'est-ce pas ?!!

Journal, je suis super triste, Molière, le petit chien de Mme Padac, est mort. Il s'est fait écraser par un bus. C'est horrible. La pauvre, déjà qu'elle souriait jamais. Elle vivait avec lui depuis... ben en fait depuis toujours. Quand je suis née, il vivait déjà avec elle. Ils avaient pas divorcé, eux. Et Molière, il était trop gentil comme chien. Il aboyait jamais. Il faisait jamais popo. Il mordait jamais. Enfin, j'imagine qu'il aboyait parfois, faisait popo parfois et mordait parfois mais il se tenait bien en général. Même mieux que nous disait papa quand il habitait encore à la maison.

Sinon Lisboa, le chat de M. Oliveira, le concierge de papa, a eu des bébés. J'aurais bien aimé en adopter un mais papa a dit non. Léon est allergique aux poils de chat et il éternue rien qu'en lisant la BD *Félix le chat*. Dommage quand même.

Idée : Damien a divorcé et son ex-femme n'a pas encore d'amoureux.

Idée géniale : Présenter papa à l'ex-femme de Damien. Si ça se trouve, elle ressemble à maman.

Idée vraiment géniale : les vacances, on pourra les passer tous ensemble. Pas de moitié par-ci moitié par-là.

J'en ai parlé à maman.

Elle m'a répondu par une caresse sur la tête. « Ma Nine, mon amour, voyons, tu es en plein délire. »

Préadolescence, nouvelle définition : avoir des idées vraiment pourries.

## 15 Décembre

**Ras le bol** de ma tortue Franklin.

Elle grossit beaucoup mais elle ne dit rien.
Oui, je sais c'est logique pour une tortue mais c'est pas très drôle.

Je pense que je vais essayer de la vendre.
Ma copine Lauren a vendu son vieux bureau sur un site Web de vente aux enchères.

Oui je sais moi, c'est un animal, pas un meuble.

N'empêche, Lauren, avec l'argent elle a racheté un bureau tout neuf.

Je veux faire comme elle.

**Mon annonce** :

« Franklin. 2 ans et demi.
Gentille tortue.
Salade préférée : Mâche.
Pas bruyante et moins sale qu'un chien. »

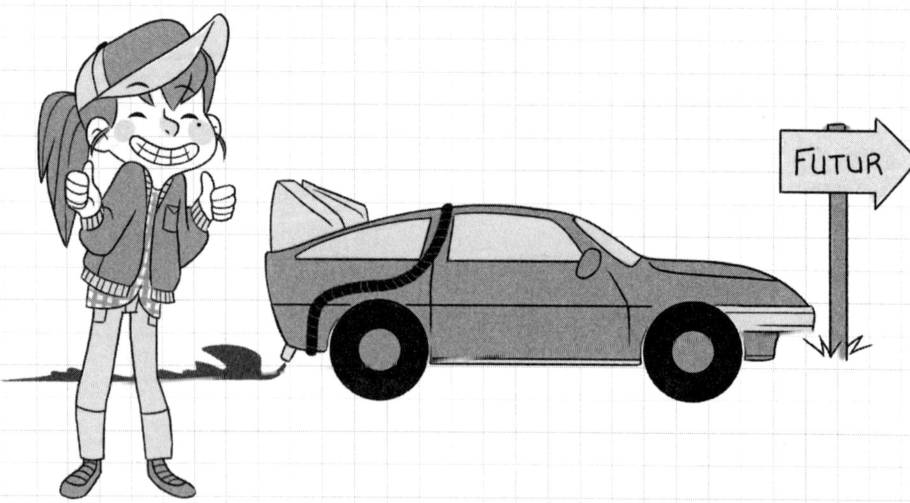
FUTUR

Journal, j'ai un problème.

J'aime bien me faire remarquer. Être populaire. Dans ma classe je veux pas être la gnangnan au premier rang. En fait je veux bien être la première de la classe mais je veux pas avoir une tête de première de la classe. Papa me dit que c'est pas bien de penser comme ça. Que le premier rang c'est très bien. Et que c'est mieux d'être populaire en étant la meilleure en tout qu'être populaire en bavardage. Et que « le bavardage, c'est pour les cruches ».

Mais papa, t'es un peu vieux. Les cruches, c'est pour servir l'eau, et ça existait au Moyen Âge. Aujourd'hui, tu dirais que le bavardage c'est pour les bolos.

Pardon pardon pardon !!!!!

Journal, tu vois, là, ça me fait peur parce que préado quand même ça fait mal parler. Bolos, je crois que c'est la première fois que j'écris ce mot. J'aurais jamais fait ça avant.

J'ai un peu honte.

Tu te montreras à personne, promis, hein ?

Je veux bien être préado mais pas ado et faire n'importe quoi, des crises et insulter mes parents en claquant la porte et en pinçant les doigts de Léon. Parfois je me dis que c'est horrible cette période.

En plus si je ne mets pas de déo, eh bien maintenant je pue. Avoue que c'est pas cool. C'est quoi l'avantage franchement ? Se coucher plus tard que Léon ? Avoir son portable ? Être invitée à des pyjama parties ? Parfois se mettre devant dans la voiture, à côté du conducteur ? Tu parles d'un progrès. Si encore ça donnait des dons trop cool, comme voler ou voyager dans le futur comme Marty dans *Retour vers le futur*.

Pardon journal, mais moi je trouve que c'est un peu une arnaque. Quand on est petit on veut absolument grandir mais on ne se rend pas compte qu'il faut en passer par là. Tu te rends compte qu'un jour, Léon aura de la moustache et des boutons. Un jour il aura un appareil dentaire avec des bagues qui le font zozoter. Un jour, il sera geek et il sera à bloc sur les filles. Un jour, il sera un gros débile. Un jour, il me dira des gros mots de voyous.

Je me demande si les enfants de Damien seront pareils que nous. Si c'est spécial pour les enfants divorcés. Que leur adolescence est plus difficile et qu'ils sont plus compliqués. Maman dirait relous. Maman parle comme une jeune quand elle est énervée et comme une vieille mamie quand elle veut rester calme et faire directrice d'école. Elle est drôle ma maman. Je veux être comme ma maman, moi. Faudra que je lui demande comment elle était quand elle était ado ou préado. Faudrait que je demande à mamie Diamant aussi. Parce que parfois, les enfants, on se rend pas compte et si ça se trouve maman quand elle était préado comme moi elle avait besoin de déo et elle avait un caractère de cochon pour un rien.

Est-ce qu'elle avait des boutons, ma maman ?

Faudra enquêter.

Ah oui, très important, un jour quand il sera ado Léon fermera la porte de la salle de bains quand il se lavera. Moi je le fais déjà. Maman et papa disent qu'à mon âge, je dois être seule.

La douche seule, le shampoing seule, le démêlant seule, le séchage seule. Pff.

Pour la brosse à dents à la limite, je peux faire ça avec Lardon. Sauf que lui toutes ses dents sont en train de tomber et c'est plus une bouche mais un gros trou qu'il doit frotter.

# 21 Décembre

J'ai pas vendu Franklin.
On a eu une meilleure idée.

On l'a donnée à Mme Padac qui ne voulait plus de chien pour ne pas trahir Molière.

* TROP CHOUETTE !

Elle n'a pas vraiment souri mais je crois qu'elle était contente.

En tout cas, elle l'a installée juste devant dans la loge et elle m'a dit que je pouvais venir lui dire bonjour quand je veux.

Franklin s'appelle <u>Franklin Padac</u>.

Bilan, je suis en vacances. Je fête Noël avec papa et jour de l'An avec maman. Noël dans la famille de papa que j'ai toujours moins vue que la famille de Maman parce qu'ils habitent dans le Sud mais qui est très gentille et toujours très bronzée même en hiver. Jour de l'An avec Damien et ses enfants chez des amis. Des amis de Damien avec une maison des enfants et des parents divorcés aussi et des familles recomposées.

Bilan, le nouveau mot que maman utilise tout le temps, c'est « recomposé ». Comme salade composée mais avec un « re » devant. Pas super clair comme expression franchement. Moi je dis ça je dis rien. Salade composée c'est une salade avec un peu de tout à l'intérieur, tomate, maïs, céleri, pomme de terre, betterave (berck)... alors c'est quoi une salade recomposée ? Une salade composée mais en un peu mieux ? Pas tout mélangé et mis n'importe comment mais bien rangée. Ouais bof, je vois pas pourquoi on dit ça. Ah si peut-être parce que la famille à la base avec un papa et une maman et des enfants de tous les âges c'est composé, puis quand on mélange avec papa d'ailleurs maman d'ailleurs ça fait un peu une famille bricolée.

Bilan, j'aime pas ce mot de « recomposé ». Ça fait raté, comme un plat de mamie Téti avec les restes dans le frigo. C'est toujours dégueu.

Bilan, je n'ai pas eu d'autres heures de colle. Encore heureux, sinon, les cadeaux, ADIEU.

Bilan, Baptiste a changé d'amoureuse. Il a cassé avec Alicia et maintenant il est avec Carlotta. Il me regarde pas plus. Je suis trop cheum ou quoi ? Et puis Carlotta, franchement, on dirait un nom de pizza. Une pizza à la carotte. C'est Damien qui l'a dit. Il est super drôle, Damien. ~~J'avoue qu'il est plus drôle que papa~~. C'est pas vrai, ils sont à égalité. Papa sera toujours numéro un en tout. Et parfois si Damien le dépasse, c'est que papa aura la grippe.

Bilan, j'ai eu les encouragements. Ça c'est super, même si Lauren a eu les félicitations.

Je te lis mon bulletin.

« Anglais : Léopoldine a de réelles capacités. Histoire-géographie : Ensemble en progrès. Léopoldine est sérieuse et appliquée. Mathématiques : Élève pleine d'énergie et d'initiative. Continuez comme ça. Français : Bon trimestre. Élève concentrée et joyeuse. Avis du conseil de classe : Encouragements. »

Bilan, t'es épaté ou bien ?

Bilan, Romy a eu les félicitations et Victor les encouragements comme moi.

Bilan, Léon a rien eu et il fait la tête parce qu'avec Noël qui approche il se dit que ça va être bof pour lui.

Bilan, j'ai demandé un téléphone portable comme cadeau et je croise les doigts. Toutes mes amies en ont un. J'en rêve. Au moins une nuit sur deux. Le problème, c'est que j'en voudrais un avec une grosse mémoire pour mettre toutes mes photos. Je connais beaucoup de monde, entre mes deux familles, mes deux maisons, mes vacances avec papa et mes vacances avec maman... je n'arrêterai pas de faire des photos pour ne rien oublier de ma vie.

Bon, je sais que c'est super cher et maman dit toujours que je ne peux pas avoir un téléphone mieux que le sien. J'avoue ce serait chelou. Pas logique. Enfant gâtée à mort. Je sais déjà que si c'est trop cher tous les gens qui m'aiment vont se mettre ensemble. J'espère qu'il y en aura assez.

Papa + maman + mamie Diamant+ mamie Téti + Damien + une ou deux tatas + un ou deux tontons + ma marraine + mon parrain = ???? euros.

Un seul cadeau, ça me va. Pas besoin d'avoir plein de cadeaux comme quand j'étais petite. Si j'ai un portable, j'aurai un compte Snapchat. C'est trop bien. Toutes mes copines y sont. Même

Victor. Le but, c'est de poster des photos que seuls tes copains voient et avec un délai limité de deux jours. Sur la photo tu peux écrire et dessiner. Moi mon compte, il s'appellera Nine_lsm : l pour Lauren, s pour Spoutnik même si ça fait bébé (si mes copines me demandent qui c'est, je dirai une ancienne copine) et m pour maman. Mais j'aurai pas facebook. Je suis trop petite et maman dit que c'est dangereux. On peut être embêté par des gens qu'on connaît pas. Déjà que moi je déteste être embêtée par les gens que je connais...

Bilan, franchement Victor est génial comme demi-frère.

Bilan, je l'ai dit à papa et il a soupiré.

Bilan, je ne vais plus en parler à mon papa.

Bilan, c'est bizarre quand on s'aime plus d'être encore jaloux. C'est pas logique. Ou peut-être que c'est juste compliqué.

Bilan, il faut vraiment une amoureuse à papa.

Si elle a des enfants, je lui dirai qu'ils sont aussi super que Victor et Romy.

Bon je n'ai pas que des bilans cool, journal. Ce serait trop facile, tu comprends.

Si je réfléchis bien, le plus important c'est mon bilan sur mamie Téti. Elle est fatiguée en ce moment, ma Téti. Mamie Diamant et maman disent que c'est parce qu'elle vieillit. Et donc ? Moi ça me plaît pas du tout. Je suis contre. Je veux que personne dans ma famille soit vieux. Enfin, moi je veux être grande mais que mes parents et grands-mères restent à leur âge. Je veux pas que mon papa devienne un vieux papi qui boite et que maman ait les cheveux gris comme la maman de Clarisse et des rides sous le cou. Alors mamie Téti n'a qu'à boire des jus d'orange pressé. Lardon il doit en boire tous les matins pour le tennis et être en forme. Ben mamie Téti elle n'a qu'à faire pareil. Mais on ne lui demanderait pas de jouer au tennis quand même. C'est vrai qu'elle confond les mots parfois. Qu'elle est un peu plus blanche. Qu'elle marche plus lentement dans la rue alors qu'avant on disait qu'elle était Usain Téti Bolt.

Journal, j'ai peur, tu sais. Je ne veux pas que ma mamie Téti meure un jour. Je ne pourrais pas supporter. Déjà que j'ai plus mon grand-père. Mais lui je l'ai moins connu. Mamie Téti est tellement importante pour moi. Elle me donnait le biberon quand j'étais bébé. C'est elle qui me donnait le bain quand maman travaillait tard. Elle fait super bien roter les bébés mamie Téti. C'est sa spécialité, même. Ça aurait pu être son métier. Elle aurait fait fortune.

Sinon, bad news pour toi, journal. Pendant les fêtes de Noël j'ai un emploi du temps de feu de ouf. Je suis pas sûre que je pourrai t'écrire beaucoup. Surtout si j'ai mon téléphone portable. Tu as peur ? Moi aussi j'ai un peu peur. Quand je vois les ados à bloc sur leur portable comme des geeks, je trouve ça ridicule. Papa me dit toujours

« Nine, si tu deviens abrutie au point de ne pas répondre quand on te pose une question, confiscation de portable pour une période indéterminée et plutôt longue. Compris mademoiselle Léopoldine ? »

Oui papa, oui maman, compris.

Journal tu devras m'aider.

Si j'ai un portable, en haut de chacune de tes pages, j'écrirai « Interdit aux geeks », ça m'aidera à ne pas oublier.

*Bon, journal, bonnes vacances.*
*Je te retrouve l'année prochaine.*
*Je t'adore journal chéri.*

24 Décembre

Préadolescente méga heureuse.

ça y est, j'ai un **portable**

je suis tellement heureuse

mon numéro est 0757677787

que des 7, mon chiffre porte-bonheur.

**à très vite journal !**

## J'AI TROP DE CHOSES À FAIRE.

- Envoyer sms à Lauren
- Envoyer sms à Victor
- Envoyer sms à maman
- Envoyer sms à Damien
- Envoyer sms à mamie Diamant

**Pas dans cet ordre.**

- M'inscrire sur Snapchat
- Prendre des photos

Je choisis quoi, à ton avis comme fond d'écran ?

Léon et moi ? Ouais pourquoi pas…
Maman et moi ? Ouais pourquoi pas…
Papa et maman ? Ben non, débile.
Maman et Léon ? Sans moi ? Pas logique.
Damien et maman ? Chelou.
Victor, Romy, Léon et moi ? Déjà ?

Maman, Léon et moi ? Ouais pas mal.

Lauren et moi ? Moi je suis pas sur son fond d'écran alors je vois pas pourquoi ?

Moi dans les vagues à Biarritz ? Frime.

Tu vois c'est compliqué d'avoir un portable. On se pose beaucoup de questions. Papa dit que c'est des questions débiles et une perte de temps. Maman dit que papa exagère un peu mais qu'il n'a pas complètement tort. Bon je vais demander à Damien. Après tout, c'est mon beau-père, il doit savoir plein de choses importantes.

Moi je trouve que ça a beaucoup d'avantages. C'est super pratique pour tout le monde. Quand maman veut me parler elle n'a pas besoin de passer par papa. Pareil dans l'autre sens. Je me dis que ça va aider papa pour oublier maman. C'est peut-être pour ça qu'il ne voulait pas que j'aie un portable. Il parlait souvent à maman.

Là, elle le quitte pour de bon.

Salut, journal.

YOUPI

Interdit aux geeks

## 2 Janvier

# Bonne année, Journal.

On se souhaite quoi ?

Pour toi des belles histoires.

Pour moi ? Oh là, la liste est longue.

Déjà, de ne plus jamais perdre Spoutnik.

Je l'avais oublié dans le Sud, chez la tante de mon papa.
Ils ont dû me le renvoyer par la Poste.
Dans un carton où il était tout plié. Ça m'a fait peur.

Moi oublier Spoutnik !!

C'est comme Léon oublier Nadal
ou maman oublier Damien.

**Impossible**

Papa a dit « C'est à cause de ton portable. Déjà ! »

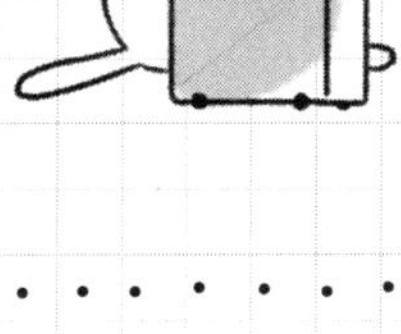

Enfin me revoilà, journal. I am back. C'était des vacances géniales. Sud avec papa près de Carcassonne. Une cité de chevaliers super magnifique et impressionnante avec des remparts. Paris avec maman et Damien puis campagne en Sologne pour passer le réveillon. Je me suis couchée à 2 heures du matin et Lardon a tenu jusqu'à minuit deux, histoire de dire bonne année, et encore, qu'à maman et à moi vu que les bisous et lui, c'est comme le PSG et l'OM. Ennemis.

J'ai dansé comme une folle. Victor ne sait pas du tout danser, trop drôle et Romy chante super bien, trop de chance. Beaucoup mieux que moi en tout cas alors que moi je veux devenir actrice pour jouer dans des comédies musicales et donc chanter.

C'est pas juste. Boudin. Énervée à mort. Préado. Claquage de porte. Tirage de langue. Crise.

Maman m'a dit que dans la vie il y a toujours des gens meilleurs que nous dans tout et que ça doit pas nous démoraliser mais au contraire nous stimuler. Bref je dois être contente d'être nulle en chant alors que c'est ce que je veux faire. Je pourrais être douée, ben même pas.

« En règle générale, personne n'est doué Nine. Il y en a qui ont des aptitudes et qui bossent et d'autres qui se laissent aller et se contentent de leur talent. Nine, voyons. (Phrase de directrice d'école.) Tu travailles, tu progresses comme tout le monde. »

Monologue de philosophe de maman. Help !

Je trouve ça pas juste la vie. On devrait être doué dans les activités qu'on aime. Moi je m'en fiche d'avoir des aptitudes en lancer de poids. J'ai beaucoup de force et alors ? Ça m'aide pas à chanter juste.

Léon est fort pour barbouiller les murs et alors ? Il veut être tennisman, pas peintre.

Tu sais journal, c'est bizarre. Depuis que papa et maman sont divorcés, j'ai l'impression qu'on fait beaucoup plus de choses qu'avant, Léon et moi. Par exemple, la maison dans le Sud, je la connaissais pas. Et la tante, non plus. En plus elle nous a fait plein de cadeaux. Avant elle était radine ou quoi ?

Ils sont space les grands. Ils nous disent que rien ne va changer et eux ils changent à fond de comportement. C'est comme s'ils avaient peur qu'on s'ennuie ou qu'on réfléchisse. Ben réfléchir à quoi ?

C'est bon on sait que vous n'êtes plus ensemble. On sait qu'on a deux maisons, on sait qu'on fait une semaine sur deux. On sait tout ça.

Non, ils ont peur qu'on dise « c'était mieux avant ». La phrase qui tue.

Et là on ferait comment ? Ils se remarient ? Ils annulent le divorce ? Ben non, c'est pas possible. Du coup, ils veulent toujours montrer qu'ils font tout mieux qu'avant. Parfois, ça fait pas naturel.

J'ai l'impression qu'ils font un peu la compète.
Maman : Nine a passé une très bonne semaine.
Papa : Nine a passé une excellente semaine.
Maman : Nine a eu 15 en SVT.
Papa : Nine a eu 16,5 en SVT.
Maman : Je pense que Nine se couche trop tard chez toi, je l'ai récupéré crevée.
Papa : Je pense que Nine ne se lave pas bien les dents quand elle est chez toi. Surveille.

En gros, avant, quand ils étaient ensemble, ils faisaient tout parfait. Et maintenant qu'ils sont séparés, chacun fait tout moins bien.

Elles ont quoi mes dents ?

Un peu jaunes ? C'est la cata. Baptiste est toujours amoureux de filles aux dents super blanches. Et Victor et Romy ont des dents magnifiques aussi. D'ailleurs ça m'énerve, parce que maman n'arrête pas de me le dire. Oh, c'est bon maman, pas la peine de me rendre jalouse. Papa il me dit que j'ai des très belles dents mais que je me les brosse pas assez quand je suis chez toi alors si tu continues à m'embêter ben je reste chez lui.

**HONTE**
**HONTE**
**HONTE**
**HONTE**
**HONTE**

Tu as vu ce que je viens d'écrire.

Mamie Diamant dit que ça s'appelle du chantage et que les enfants de parents divorcés adorent ça. C'est horrible. Mais c'est pratique. Mais c'est horrible.

Léon en fait aussi. Quand il joue mal au tennis et que c'est la semaine de maman, il pleure et dit qu'avec papa il joue mieux parce que papa joue mieux et comprend mieux le tennis qu'elle. Maman a failli pleurer. Du coup, la dernière fois, c'est Damien qui a joué avec lui. Et Damien joue vachement bien. Il sera jamais champion comme Léon parce qu'il est trop vieux mais pour le moment il le bat de loin. Léon transpirait comme un fou. Il voulait absolument gagner. Victor faisait l'arbitre. Romy et moi ramasseuses de balles. Et maman spectatrice.

On s'est bien marrés et Léon s'est régalé même s'il ne l'a pas dit.

## Interdit aux geeks

## 21 Janvier

Dans ~~mes résolutions~~ de la nouvelle année, il y avait : aller en Sicile, vivre avec Damien et ses enfants une semaine sur deux, aller voir des comédies musicales à New York, faire des progrès en chorégraphie, rencontrer Julien Doré et ne plus avoir d'heures de colle.

Ça me paraît **super facile**.

Tu sais journal, j'ai fait ma première manifestation pour la Paix et pour qu'il n'y ait plus d'attentat à Paris. Il y avait des millions de personnes dans la rue. C'était impressionnant. Tout le monde se parlait.

On a même croisé **Mme Padac** qui nous a fait un sourire.

Elle est bizarre, elle. Faut qu'il y ait des trucs horribles pour qu'elle retrouve le sourire.

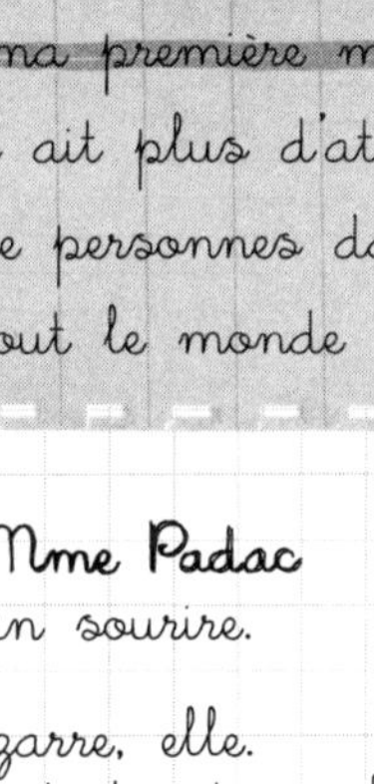

Je trouve que ça va vite la 6e. Je suis un peu perdue. Les profs ne répètent jamais quand ils dictent une leçon. Moi je suis rapide pour tout mais pas pour écrire.

En plus je grandis beaucoup et il paraît que ça ralentit le cerveau et ramollit le corps.

Je me cogne partout aussi. Surtout les genoux.

C'est comme si c'était le corps d'une autre. En plus j'ai les tétés qui poussent et parfois j'ai mal au ventre.

Je suis allée acheter des brassières avec maman. Ben c'était juste des brassières, journal. Maman était tout en vrac, du genre super émue, mon bébé à moi avec des brassières... qu'est-ce que ce sera quand je me ferai un tatouage.

Ah ah ah.

Avoue que je suis drôle.

C'est ce que j'ai dit à maman.

Elle s'est à fond marrée alors qu'il n'y a que Damien qui la fait rire maintenant. Même Louis de Funès il a du mal.

Oui, donc, nouveauté j'ai des brassières.

Romy a des bagues.

Victor a une nouvelle coupe de cheveux de beau gosse. Un peu Olivier Giroud. Je le connaissais pas. J'ai googlelisé son nom. (Ça fait grande cette phrase, journal, pas vrai ? Maman la dit toujours pour son travail. Alors moi je l'ai reprise.) Grâce à internet, tu écris le nom de quelqu'un et tu as toutes ses photos. S'il est connu bien sûr. Les gens pas connus, ils ont rien sur internet. Maman a quelques photos. Papa aucune. Damien beaucoup. L'autre jour j'ai dit à papa que c'était mieux d'en avoir et d'être connu.

Drame.

Il était furieux. Il a appelé maman pour une grosse réunion. On était sur haut-parleur. « Je voudrais que tu expliques à ta fille que la notoriété n'a rien à voir avec la valeur d'une personne. Des abrutis ont leur photo sur internet. Et mon médecin généraliste qui est un type formidable n'en a pas. Ta fille est en train de perdre tous ses repères. Je voudrais qu'on soit plus fermes. » Quand papa dit « ta fille » alors que moi aussi je suis sa fille c'est qu'il est super fâché. D'ailleurs maman lui répond toujours « Eh oh, Nine, c'est nous, notre fille. Quand elle fait bien, ce n'est pas ta fille et quand elle fait mal, ma fille ».

Depuis quelques semaines, papa et maman se disputent plus. C'est peut-être l'hiver. C'est peut-être parce que Léon et moi on parle beaucoup de Damien, Victor et Romy. C'est peut-être parce que papa en a assez de dîner avec nous deux la semaine et personne d'autre. Faudrait qu'il trouve des amis.

Ça se trouve où les amis ?

On ne va pas passer une petite annonce quand même. Comme à la boulangerie, où il y a plein de petites étiquettes, « Cherche dame pour repassage, cherche étudiant pour cours de maths niveau Terminale...

« Cherche amis trop cool pour papa trop cool. »

J'en étais où ? Attends je me relis… Ah oui, Victor, Giroud, ressemblance.

Je reprends… Victor, c'est le sosie d'Olivier Giroud. Avec un nez plus petit quand même. Mais des yeux aussi bleus, comme Damien. Franchement Damien, il est beau. Mais je ne vais pas le dire à papa. Papa est beau aussi. Mais un autre style. Et moi je ne veux pas choisir. C'est débile de dire qui est plus beau. C'est comme si on demandait qui est plus belle, Romy ou moi ? Victor ou Léon ? Maman ou l'ex-femme de Damien ? Forcément on dira moi, Léon, maman… mais c'est trop débile. Maman m'a expliqué ça et elle a raison. On est tous différents et donc incomparables.

Je ne pourrais pas dire qui est plus beau entre Spoutnik et Pica.

Je ne pourrais pas dire qui est plus beau entre Pica et Dilly, forcément ils sont jumeaux et des vrais en plus.

Je ne pourrais pas choisir entre mamie Téti et mamie Diamant.

Je ne pourrais pas choisir entre Baptiste et…

Ben si, je choisis Baptiste… Mais lui ne me choisira jamais.

## Interdit aux geeks

## 22 Février

Léon a gagné son premier tournoi
et s'est fait mal au poignet.

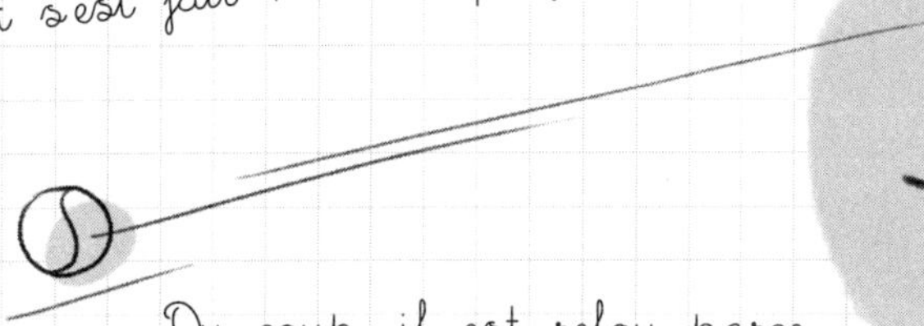

Du coup, il est relou parce
qu'il fait moins de sport
et il est moins « canalisé »
comme a dit sa maîtresse.
Genre **super excité**, agité.

Au secours, je vais le gifler. J'en peux plus de lui.
Pourquoi j'ai un frère comme Léon ?

Mais je ne te parle pas du principal, journal. Alors là ce n'est pas de ma faute, franchement, promis juré craché. J'avais loupé une phrase sur le théâtre et la différence entre tragédie et comédie et j'ai demandé à ma voisine de droite de me la redire.

# ERREUR

Mme Giscard ne veut pas qu'on demande à sa voisine de droite. Ni de gauche d'ailleurs.

Et Mme Giscard est plus tragédie que comédie.

Du coup, carnet de correspondance, mot parents, deux heures de colle et comme ça tombe sur la semaine papa. Pff...

Au moins j'ai compris ma leçon pour toujours. « Un exemple concret », maman a dit.

Comédie.

« Mme Giscard passe l'éponge. Et tu t'en tires bien, Léopoldine. »

Tragédie : « Avertissement. Convoquée chez la directrice. Pleurs, punitions, sanctions, portable confisqué. Plus de sms. Coupée des copines. La fin du monde. Je ne vais pas supporter. » Bon je suis passée à deux millimètres de l'avertissement.

Mais comme je suis chez papa, je vais prendre un tel savon que je pourrai me laver pendant dix ans.

Ouais ben rigole pas, journal. C'est relou.

Papa va me punir et maman va dire que c'est sa semaine alors qu'elle ne peut rien dire.

Parfois, j'ai l'impression que maman a peur de papa. Comme si elle n'osait pas lui dire des trucs. Tout ce que je sais, c'est que papa m'a dit une fois qu'il payait l'école. Je l'ai dit à maman qui m'a dit « Oui c'est vrai ton père paye l'école. » Quand papa et maman parlent d'argent, ça a l'air très très sérieux. Comme si Léon et moi on ne pouvait pas comprendre.

– Maman je veux des baskets.

– Demande à ton père, ma chérie, c'est un peu chaud en ce moment.

– T'as qu'à payer une chaussure et lui une autre.

– Nine, c'est pas drôle. Et ne sois pas insolente, s'il te plaît.

– Ben pourquoi papa doit payer et pas toi ? Tu as de l'argent toi aussi.

– Oui. Oui... tu as raison, on ira voir les baskets...

– Papa je veux un nouveau cartable.

– Demande à maman avec tout ce que je lui donne.

– Ben tu lui donnes quoi ?

– De l'argent tous les mois.

– Ah bon ?

– Oui.

– Mais pourquoi ?

– Ben je me demande bien pourquoi, ma chérie.

Tu vois, l'argent, ça met une mauvaise ambiance. On dirait qu'il y a d'un côté les gentils et de l'autre, les méchants. Mais moi je ne veux pas choisir et je veux que tous les deux, papa et maman, ils soient du côté des gentils. Et avant quand papa achetait du pain, il ne le faisait pas remarquer. C'est moi qui achète c'est moi qui mange. C'était normal. Maintenant tout est compliqué.

Je ne sais pas moi si c'est papa qui doit payer l'école ou moitié-moitié ou seulement maman. Il paraît que c'est la justice qui décide. Alors moi j'y comprends rien. La justice, je ne sais pas trop ce que c'est. C'est l'endroit où on dit aux gens « coupable » et on met les gens en prison. Oh là là. Mamie Téti habite près du Palais de Justice. Il y a toujours plein de camions de policiers. Et je vois pas pourquoi c'est eux qui décident pour mon école.

Faudra que je demande à mamie Téti.

Elle est super pratique mon arrière-grand-mère pour les trucs que je n'ose pas demander à papa ou maman. Je devrais demander à Damien aussi. Pourquoi pas, hein. Il est gentil Damien. Il explique bien, il est journaliste et il y a beaucoup de gens qui l'arrêtent dans la rue pour lui dire qu'il a raison. Romy veut faire comme son papa plus tard. Elle veut faire des enquêtes et après les expliquer à la télévision. Ça tombe bien elle a une belle voix Romy. Plus que moi. Mais je ne suis pas jalouse parce que maman dit que la jalousie ça rend vieux moche et con. Carrément ! Vaut mieux éviter alors.

Journaliste, c'est un beau métier, j'avoue. Peut-être qu'elle parlera de moi quand je ferai des spectacles dans le monde entier.

Bon tu veux que je te parle de ma colle alors que moi j'ai vraiment envie de l'oublier et de me changer les idées.

Baptiste n'a même pas été collé cette fois. Niveau amoureuse, il est avec Ophélie. Dents blanches. Slim, boots et blouson perfecto trop style, avec un crocodile vert gravé. Je rêverais d'avoir le même. Ça va être dur. Si je ne suis pas sage et je continue à avoir un sale comportement, ça va me passer sous le nez.

– Maman j'ai besoin d'un blouson. Celui de l'année dernière il est vraiment trop petit.

– Mais non il va très bien. Il finira l'année.

– Papa j'ai besoin d'un blouson. Celui de l'année dernière il est vraiment trop minus.

– Tu adores t'habiller tout serré. Faut savoir. On verra ça à la rentrée prochaine.

– Mamie Diamant j'ai besoin d'un blouson. Celui de l'année dernière est beaucoup trop petit et pas chaud du tout et très abîmé.

Pour mamie Diamant, j'en rajoute toujours un peu. Du coup elle s'inquiète et du coup...

Oui, c'est moche. Je trouve que je suis moins gentille depuis que je suis préadolescente. Parfois je suis un peu chipie. Je n'étais pas comme ça avant, journal. Je te jure promis craché. Parfois, j'ai l'impression que je ne suis pas moi. Qu'en même temps que j'ai des tétés qui poussent et du poil sous les bras, mon caractère devient moins sympa et plus peste.

Maman me dit que c'est un passage, une transition... Une étape. Peut-être pour le caractère mais pas pour les poils sous les bras en tout cas.

Morale du jour :
*J'aime pas les poils sous les bras.*
La punition de l'école :
*Deux heures de colle.*
La punition de papa :
*Pas de portable la semaine chez lui.*

J'ose pas t'avouer un secret. OK, OK, je te dis tout. À la place, j'ai voulu lui proposer qu'il m'interdise de t'utiliser, journal. Tu m'en veux ? C'est pas cool, mais bon. Tu es moins utile pour appeler les copines. Et moins utile pour envoyer des photos et des smileys. Et moins bien pour écouter de la musique.

Mais je t'aime à la folie quand même.

Je suis préado, tu sais.

La punition de maman :

*Nine, il faut te ressaisir. Je suis d'accord avec papa. Tu es sur la mauvaise pente.*

Et là je ne sais même pas pourquoi je répond : « J'aime pas le ski de toutes les manières. » Tu vois journal. Je sais bien qu'il ne faut pas répondre ça et que c'est insolent. Pourtant ça sort de moi, je ne peux pas résister. Je parle trop.

Du coup maman m'a reprise.

« Nine, tu fais exprès ? Va dans ta chambre, je ne veux plus t'entendre jusqu'au dîner. »

À cause de moi, maman est devenue sévère. C'est horrible. Ma maman sévère et dure par ma faute.

Ah oui je t'ai gardé le meilleur pour la fin.

La punition de mamie Diamant :

*Je ne comprends pas ce professeur. Trop de sévérité tue la sévérité (là j'ai rien compris, mamie Diamant fait des phrases de poète bizarres). Moi qui suis sourde comme un pot, je serais collée tous les jours.*

La punition de mamie Téti :

*On ne l'a pas mise au courant, elle est un peu fatiguée en ce moment. On ne veut pas l'inquiéter.*

## Interdit aux geeks

Portable confisqué, pas la peine de me narguer.

## 29 Février

Journal, maman est née **un jour spécial.**

Il y en a un qu'une fois tous les quatre ans.

Du coup elle est presque plus jeune que moi.

Cette année, on fait une fête à la maison.

Maman a invité ses amis, Damien les siens.

Personne ne se connaît vraiment.

Je me demande comment ils vont s'entendre.

Et si les amis de maman vont oublier papa.

Journal, c'est la cata.

La préadolescence est en train de gagner. J'ai un petit bouton sur le nez. Maman m'a dit que c'était rien et Damien m'a dit qu'il était tout petit et que personne ne le voyait. Oui ben eux, en attendant, ils l'ont vu !

Du coup, Damien lui a donné un prénom à mon bouton pourri. Il l'a appelé Paul. Un nom de code. C'est mieux de dire « Oh, Paul est revenu » que « Oh ton bouton attaque ton nez en mode *Guerre des boutons.* »

Mais c'est sûr faut pas avoir de Paul dans la famille sinon c'est pas cool pour lui.

**Préadolescence = Préboutons.**
**Adolescence = Boutons.**

Bonjour le programme.

J'ai mis de la musique pour t'écrire. Un peu d'ambiance ça fait du bien. Bruno Mars. Tu aimes ?

Moi j'adore. Et j'aimerais bien m'appeler Léopoldine Juin.

Je suis déprimée. Baptiste ne me regardera jamais avec mes dents jaunes et mon Paul. L'autre jour, j'étais juste derrière lui dans la queue de la cantine et il ne m'a même pas dit bonjour. Alors comme je veux être populaire et sympa, je lui ai dit salut... Il m'a même pas répondu !!! Pas un mot pas un regard. Bide intersidéral. Peut-être que je devrais demander à Victor comment ça marche les garçons. Parce que moi je suis larguée. Papa dit que les garçons ne répondent pas quand ils sont intéressés. Ben dis donc alors j'intéresse tous les garçons de l'école. Pff, n'importe quoi papa. Tu délires.

Sinon journal, je peux te dire qu'en ce moment à l'école, c'est difficile. Mes notes sont moins fortes que l'année dernière et moins bonnes qu'au premier trimestre. J'ai eu un 9/20 en français (étourderies en orthographe). Et un 12/20 en maths. Heureusement j'ai eu 18 en anglais, ça rattrape. Mais j'ai peur de ne même pas avoir les encouragements.

Je ne comprends pas, journal. J'ai l'impression de faire tout pareil comme au premier trimestre mais mes notes baissent. Papa dit que c'est la faute de ce portable. Il dit CE portable. Il crie quand il dit ce. Il l'aime pas c'est clair. Ce (berck) portable (berck).

Alors maintenant, j'ai décidé de le mettre dans le tiroir de ma commode dès que je rentre du collège. Et plus de télé et de dessins animés non plus pendant la compote pomme-fraise, le verre de lait et le paquet d'Oreo. Là, tu as le menu de mon goûter de rêve.

Je le regarde une fois avant d'aller me laver les dents et me coucher pour vérifier que les copines n'ont pas besoin de moi. L'année dernière, si elles avaient besoin de moi, elles appelaient à la maison ou sur le portable de maman. Après tout, c'était super et ça me faisait bien travailler.

Je crois que le portable c'est pratique mais ça me déconcentre un peu.

En plus, Léon n'arrête pas de me le voler pour faire des jeux. Et c'est toujours moi qui me fais punir. Lui vole et c'est moi qu'on gronde. Bonjour la justice. Je vais aller au Palais de Justice moi. Qu'on dise « Léon coupable ».

Dans la série « grandes nouvelles », je suis invitée à une pyjama party chez Lauren pour son anniversaire. Papa et maman ont dit oui mais sous condition.

1. Bonnes notes dans toutes les matières.
2. Pas d'heures de colle.
3. Pas de mots dans le carnet de correspondance pour le comportement.
4. Je dois ranger ma chambre.

Journal, ça te paraît pas compliqué mais je peux te dire que ça va être chaud. En tout cas, je vais tout faire pour. Ça a l'air trop bien une pyjama

party. On se couche tard et on dort tous dans la même chambre. En plus le programme est dément, on va commander des pizzas, danser, regarder un film et je vais finir le gâteau au chocolat vu que Lauren n'aime pas ça.

Attends je te laisse, maman m'appelle. Je reviens tout de suite. J'espère que je n'ai rien fait de mal. Peut-être qu'elle veut que je l'aide pour les invités. Elle a préparé un grand buffet italien avec du saucisson, du jambon de Parme, de la mortadelle, une salade de pasta, des légumes grillés, des arancini. Des aranciquoi ? Ah ah, toi aussi c'est la première fois que t'entends ce nom. Alors je t'explique, c'est des boules de riz panées avec des petits pois. Je crois que je préfère la mousse au chocolat de maman ou les omelettes aux pommes de terre de papa. Du riz avec des petits pois, pardon peut-être que c'est sicilien mais ça fait cantine.

# 29 Février

Je suis triste et j'ai peur.
Les deux à égalité.
Même Spoutnik n'a pas réussi à me consoler.

Journal, mamie Téti a eu un malaise et elle a dû aller à l'hôpital. Enfin, on l'a accompagnée en urgence.

Du coup, on a annulé la fête d'anniversaire de maman.

Léon a pleuré et moi aussi.

Pauvre maman, déjà que son anniversaire est rare.

Mamie Téti est devenue toute blanche puis elle est tombée. Ça m'a beaucoup impressionnée. Elle était allongée par terre et elle ne me répondait plus.

J'ai cru qu'elle n'allait jamais redevenir normale.

Journal, j'ai peur et j'ai pas envie d'écrire.

Je ne veux pas qu'elle meure mamie Téti. Elle est trop gentille et trop importante dans ma vie.

Franchement la vie c'est mal fait. On s'habitue à des gens, ils nous apprennent tout, ils nous font des câlins, ils nous disent comment on fait le gâteau au chocolat et le feuilleté au jambon, ils nous consolent, ils nous rassurent, ils nous offrent des petits cadeaux toujours bien pensés, ils nous disent qu'on sera trop beaux et trop forts quand on sera grand, ils nous racontent comment on était quand on était bébé et comment nos parents étaient aussi, ils sont comme la mémoire de la famille… et après… ben ils disparaissent.

Journal, je vais faire comment moi sans mamie Téti ? Je refuse que mamie Téti ne soit plus en forme et ne chante plus dans la rue, même si j'ai un peu la honte parfois. Je veux avoir honte. Je veux qu'elle soit gaie et pas blanche du tout. Je lui mettrai du rose aux joues et je chanterai avec elle *La Java de Broadway*. Je lui achèterai plein de bouteilles de son champagne préféré Demoiselle et je l'appellerai Demoiselle Téti. Je lui dirai que je l'aime et qu'elle est la meilleure des mamies Téti de la terre.

Oh arrête, Nine. Le docteur a dit que c'était rien. Juste un petit malaise de rien du tout. Trop de champagne, trop d'émotions, trop de bruit, trop chaud.

Alors, c'est ça de vieillir, journal. On ne supporte pas les « trop ». Les « trop » vous font tomber dans les pommes. On veut que tout soit « pas assez »...

Et moi alors, avec tous mes trop à chaque phrase... c'est que je ne suis pas si vieille que ça...

## 7 Mars

J'ai le blues.

Je n'ai pas eu les encouragements
et je sens que papa et maman
vont être beaucoup plus sévères.

C'est la SUPER CATA !

Le truc important c'est que mamie Téti
est sortie de l'hôpital et qu'elle pète le feu.

Elle chante plus que dans The Voice.
Et très bien aussi, tout le monde se retournerait, c'est sûr.

Il devrait faire ça sur TF1.
Un The Voice pour les arrière-grands-mères.

**Téti gagnerait la coupe !**

L'école, c'est vraiment pas génial en ce moment. Ma meilleure amie Lauren a eu les félicitations. Elle est très forte. Je l'admire Lauren. Elle me bat dans toutes les matières sauf en... dégustation de chocolat, je suis beaucoup beaucoup plus forte qu'elle ;-))))

Mme Giscard, la prof de français, m'a dit un truc super dur l'autre matin. Ça m'a fait pleurer. « Hé, Nine, demandez un cerveau à vos parents pour votre anniversaire. »

Boum, prends ça dans les gencives Nine.

Snif snif snif.

Quand je l'ai raconté à papa il était furieux. Il a pris rendez-vous avec la prof. Il dit que c'est un scandale de dire ça à un enfant. J'aime bien moi quand mon papa prend ma défense.

D'après Mme Giscard, j'ai un problème. (Ouais ben elle aussi !!!)

Je ne sais pas utiliser mon intelligence et donc je ne m'aide pas.

Au secours les speechs des profs !!! On dirait un psy Mme Giscard.

J'y comprenais rien alors papa m'a expliqué.

Papa dit qu'intelligent ça ne suffit pas. Oui ben c'est mieux que rien quand même. Je pourrais être une grosse balourde en mode débilos. Sauf que moi je trouve ça plus intéressant de faire rire la classe que d'avoir l'air super intelligente. Je place mal les limites. Trop drôle, ça abîme l'intelligence.

Mouais… les grands préfèrent les gens sérieux, c'est pas cool.

En attendant, il faut vraiment que je me secoue les puces, comme dirait mamie Diamant. Il faut que je finisse en beauté. Un troisième trimestre de rêve.

C'est compliqué les rêves, journal. On dirait que plus on vieillit, plus il faut se battre pour réaliser ses rêves. Même Léon pour bien jouer au tennis il doit se battre. C'est dur de devenir champion. Quand il regarde Roland-Garros à la télé, il est en transe et ça le fait rêver. Surtout Rafa avec ses tenues fluo et ses tics avant de servir. Les champions, la victoire, les matchs gagnés après cinq sets... Mais son prof a dit à maman qu'il ne fallait pas penser à ça... La route est longue comme celle qu'on prend pour aller à Biarritz en voiture. Longue, longue, longue...

Huit heures = trois films = yeux explosés.

Huit heures = deux films + pique-nique + *Candy Crush* + karaoké sur Claude François.

Huit heures = sieste + un film + sieste + un film.

Et puis on ne sait pas si Léon va être grand, musclé, si son corps va supporter les entraînements trois fois par semaine.

C'est pareil pour moi. La comédie musicale, c'est un rêve. Mais si je réussis pas ce sera mon pire cauchemar ;-((((((((((

Ah, bonne nouvelle.

Juste UNE.

En ce moment les bonnes nouvelles, je te dis pas, c'est pire que la chasse aux trésors où il n'y aurait pas de trésor ou un tout petit tout caché presque invisible.

Ah oui nouveauté. L'autre jour j'ai pris mon bain avec Romy. On s'est marrées. On avait mis plein de mousse et on se la mettait partout sur le visage et la tête.

Romy n'a pas encore de tétés ni de poils sous les bras ni de bouton minus sur le pif. Alors je crois que ça l'amuse de me voir. Comme si elle voyait un peu en avance ce qui allait lui arriver.

On aime bien jouer au journal de 20 heures. Je fais des spectacles et elle me présente. C'est trop drôle. Après on le montre aux parents... Enfin aux parents. À maman et Damien, mon beau-père.

Victor s'amuse autant avec moi qu'avec Lardon. Foot, tennis, Monopoly... On pouvait pas mieux tomber au niveau des goûts. Sauf pour la nourriture. Victor est un peu relou. Il déteste plein de trucs. Comme s'il les avait goûtés avant dans le ventre de sa maman et qu'il avait décidé de ne pas aimer. Tomate, non. Fromage, non. Sushi, non. Quiche, non... Du coup il est à beaucoup moins de cinq fruits et légumes par jour. Et ça énerve son papa.

Moi, j'essaie de lui faire goûter des plats différents comme le gratin dauphinois de ma maman ou son pot-au-feu de star mondiale du pot-au-feu mais pour le moment je n'y arrive pas. Victor est québlo à donf. Bloqué à fond, tu avais compris.

Ah oui, journal, surtout j'ai eu une conversation importante avec maman.

Mais j'ai pas raconté à papa. Pas encore.

– Est-ce qu'un jour on vivra tous ensemble ?

– Comment ça, Nine ?

– Ben Damien, ses enfants et nous. Eux aussi

ils sont en garde partagée, ils ont qu'à venir la semaine où on est là. On pourrait mettre des lits superposés. Un chez Léon pour Victor. Un dans ma chambre. Ce serait super, non ?

– Heu, oui... ça te plairait ma puce... ?

– Ben oui. Et puis Damien c'est mieux s'il habite avec toi quand même. C'est ton amoureux. Je veux pas qu'il trouve une autre amoureuse moi. Je veux garder Victor et Romy comme demi-frère et demi-sœur.

– Ma puce...

– Mais on ne veut pas que vous ayez un bébé ensemble. Interdit, maman. Je te préviens, on fait une fugue sinon. On veut que Léon reste le plus petit. Et puis avec un bébé on pourra plus faire plein de trucs. Ça ralentit le groupe et ça fait popo partout.

Maman m'a prise dans ses bras. Elle sentait un nouveau parfum à l'orange ramené par Damien de Sicile. Maman sentait les vacances et le gâteau. Je me suis dit que moi aussi quand j'aurai un parfum je voudrais sentir les vacances et le gâteau.

## Very important : se choisir un parfum

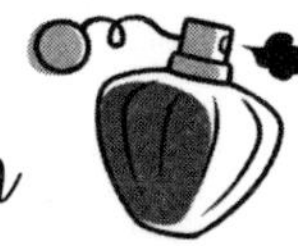

– Tu sais, mon amour, il faut attendre un peu.

– Pourquoi, vous êtes pas sûrs de vouloir être ensemble ?

– Si si bien sûr. Mais c'est long et compliqué pour changer de vie et d'habitudes. Vis-à-vis de papa, vis-à-vis de l'ex-femme de Damien.

– Ben ils ont qu'à se mettre ensemble alors. Ce serait pratique.

– Certes, mon trésor. Sauf que la maman de Romy et Victor a déjà un amoureux. Tu me fais rire à chercher des solutions miraculeuses.

Moi, j'aime les miracles. Je sais que c'est dans les dessins animés pour les bébés mais je veux que ma vie soit pleine de miracles.

Un jour, on habitera tous les six ensemble et ça ne fera même pas de la peine à papa.

**Very important : find a lover for dad.***

*Très important / Trouver une amoureuse à papa.

J'ai super mal
au ventre depuis deux jours.

Du coup, maman a pris rendez-vous chez la pédiatre.
Sauf que la pédiatre, je lui mange sur la tête.

Quand elle m'a vue (je te signale que c'est elle qui était là à la maternité quand je suis sortie du ventre de maman et que je mesurais 50 centimètres), elle a eu un torticolis, limite son cou a craqué.

C'est ridicule, j'ai passé l'âge d'aller voir un médecin pour les enfants.

Il n'y avait que des poussettes dans la salle d'attente.

– Ma petite Léopoldine. Enfin petite, façon de parler, tu vas être aussi grande que ta maman…

(Pff ! On me répète toujours la même chose, ça me saoule. Sur la photo de ma classe on dirait que je me suis trompée… Une 4e perdue en 6e. Ou pire une redoublante.)

– Je pense qu'il est temps d'aller voir un docteur spécial pour ton âge.
– Un docteur pour les 6e.
– Heu, disons un médecin pour tous ces petits changements dans ton corps. Les tétés, les douleurs au ventre…

La pédiatre me fait un grand sourire. On voit qu'elle est maman elle aussi.

– Elle va s'occuper de Paul aussi ?
– Ah non, elle ne s'occupe que des filles.

– Paul c'est pas un garçon c'est mon bouton sur le nez.

– Ah alors dans ce cas… enchantée Paul…. Et oui, elle sera forcément concernée par Paul. Mais je tiens à te rassurer. J'ai connu des Paul beaucoup plus impressionnants. Celui-là est presque mignon. Il faut utiliser un microscope pour voir sa tête.

La pédiatre a donné les coordonnées du médecin pour la préadolescence à maman et a pris rendez-vous le jour même.

Docteur Jeanne Bidet. Carrément. Un super nom. On a un peu ri avec maman puis on s'est dit que c'était super d'avoir un nom comme son métier.

Si notre marchand de fruits et légumes s'appelait monsieur Tomate, notre boulangère, madame Croissant, notre boucher monsieur Steak, Damien monsieur Football, Victor monsieur Goal, Romy mademoiselle Journal, Léon

monsieur Nadal, moi mademoiselle Cats et madame Giscard madame Mégarelou... le monde serait plus simple...

Dans la salle d'attente du docteur Bidet il n'y avait que des filles plus grandes que moi. Du genre avec du maquillage et un sac à main. Même une fille enceinte de 20 ans max.

On a attendu des heures, moi en lisant une bande dessinée Mickey toute déchirée et maman en me demandant toutes les deux minutes, ça va ma chérie ? ça va mon amour ? ça va ma puce ? Maman oui ça va ! Je vais très bien. Et le docteur Bidet va perdre son temps avec nous...

Damien a appelé, papa a appelé, mamie Diamant qui n'entend rien au téléphone a envoyé un texto, mamie Téti a appelé... j'avais l'impression de passer mon bac, j'avais rien révisé et c'est pour ça que tout le monde paniquait. C'était ridicule, journal. Les grands sont trop stressés et après ça fait stresser les petits. C'est comme Léon pendant ses matches de tennis. Papa se ronge les ongles, bilan, Léon flippe et rate. Il ne veut pas rater parce qu'il a peur que papa n'ait plus de doigts, de main, de bras... et comme il ne veut pas rater ben il rate tout de chez tout, limite on dirait qu'il est gaucher et qu'il joue en droitier. Une cata.

Papa n'arrête pas de me dire de pas ronger mes ongles, que ça fait moche. Alors papa, fais attention à tes ongles toi aussi. Faut que tu trouves une amoureuse je te rappelle.

Papa nous aime tellement.

J'ai de la chance d'avoir un papa qui prend tout autant à cœur pour nous.

Comme un chevalier.

Bilan docteur. Mme Bidet est trop sympa.

Elle m'a auscultée.

J'ai dû me déshabiller. Au début j'ai dit que je ne voulais pas, parce que je la connaissais pas et que papa et maman m'avaient dit interdiction de se déshabiller avec n'importe quel docteur sans qu'ils soient là, au courant... Bref maman a dit OK, alors j'ai dit OK. Ça m'a rassurée et maman avait l'air fière de moi.

Bilan : tout se met en place.

Super, l'info, non ? Maman a dû payer 50 euros pour qu'on lui dise que tout se mettait en place. En gros je suis un grand puzzle et les pièces sont en train de se placer. En attendant c'est n'importe quoi.

Je me suis dit que c'était pour ça que je trouvais tout compliqué et que mon caractère était un volcan en éruption.

C'est ça la préadolescence. Un déménagement. Des cartons qu'on vide et une pièce qu'on essaie de décorer même si on change tout le temps d'avis.

8 Avril

Je veux changer de style et avoir une coupe plus stylée, plus ado.

« Maman pense que je n'ai pas les bons cheveux pour les avoir trop courts. »

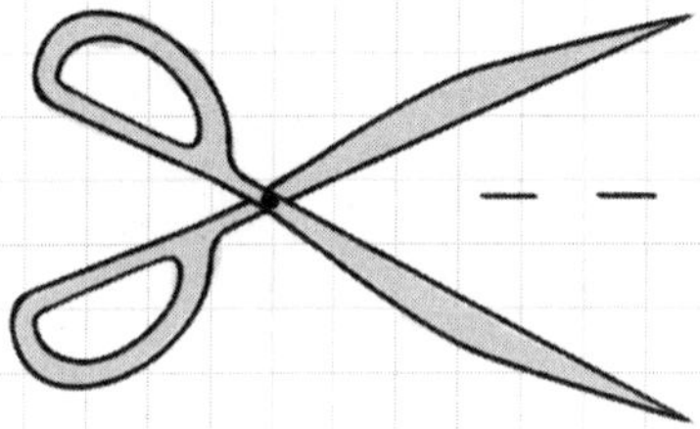

Bon alors dans ce cas,
, veux changer de cheveux.

Maman me dit que c'est pas possible de changer de cheveux.

Bon alors dans ce cas,
veux supprimer la phrase
c'est pas possible» de ma vie.

Cheveux attachés avec un foulard (comme mamie Téti, mais en mieux !)

Legging avec plein de motifs super classe

Baskets TROP TROP STYLÉES

NOUVELLE (future ?) MOI

Baptiste est toujours avec des filles coupe au carré trop classe.
C'est pas possible, ça.

SUPER
Le CLAN
des COUPES
au CARRÉ

Super notes depuis deux semaines. 15 en maths, 18 en SVT, 14,5 en histoire-géo, 16 en anglais et **17 AVEC MME GISCARD. HOURRA HOURRA**. Je veux faire mieux que Lauren. Ou pareil que Lauren. Mais pas moins bien. J'ai l'impression que dans la vie on fait toujours la course avec quelqu'un.

D'ailleurs en ce moment, je me pose de drôles de questions. Et Léon aussi. Et Romy aussi. Et Victor aussi. C'est le divorce ça. On veut toujours faire la compétition entre nos papas et nos mamans.

Victor, tu préfères la mousse au chocolat de ma maman ou de la tienne ?

Papa, c'est qui la plus belle, la maman de Léon et Nine ou la nôtre ?

Papa, qui est plus riche, toi ou Damien ?

Qui est plus sage, Romy ou moi ?

Qui est plus fort, Léon au tennis ou Victor au foot ?

Pourquoi eux ils sont déjà allés au Maroc, à Rome, à Londres et nous qu'en France ?

C'était mieux les vacances avec papa ou celles avec maman ?

Ça devient fatigant à la longue de tout comparer et noter. Maman et Damien ne sont pas du tout contents, du coup ils ont décidé de nous convoquer. Elle appelle ça une réunion, maman. On s'assoit sur le canapé du salon tous les quatre, et eux se mettent en face de nous sur des chaises. Et après ils parlent lentement avec des gros yeux sévères en nous fixant à tour de rôle. Dire que dans son métier, papa a plein de réunions, ben dis donc c'est pas marrant !

– Les enfants, il faut vraiment se calmer avec ces histoires de classement. Ça n'a aucun sens, c'est absurde. On n'aime pas les gens parce qu'ils sont plus ceci ou moins cela. Et le bonheur n'a rien à voir avec ça. On peut être le numéro un mondial et être très triste et très seul.

– Ben pas Nadal.

Ça c'est Lardon.

– Rafa n'est plus numéro un mondial que je sache et si ça se trouve il est beaucoup plus heureux maintenant qu'à l'époque.

– De toutes façons il est cramé Nadal.

Ça c'est Victor.

– Non tais-toi. C'est le meilleur.

Léon.

– C'est Djoko maintenant.

Victor.

– Berck Djoko il a une tête de suppositoire et moi je l'aime pas. Il est moins fort que Nadal.

Léon of course.

– Bon les enfants, c'est fini ce cirque ? Peu importe moins fort plus fort. C'est ce qu'on se tue à vous expliquer justement. Chacun fait de son mieux pour être le meilleur possible. Léon, tu peux perdre un match et être fier de toi alors que tu peux en gagner un en trichant... au final ce serait une vraie honte.

– J'ajoute que vous ne devez pas vivre avec cette obsession de qui est le plus célèbre, le plus riche, le plus ceci ou cela... Ce n'est pas une fin en soi...

Ouais journal, je reconnais que Damien est bof pour les explications.

Victor et moi on a compris « fin en soi », c'est pas un but quoi... Mais Lardon et Romy étaient largués.

Damien est un super bon journaliste mais pour parler aux adultes, pas aux enfants. Il ne pourrait pas travailler sur Gulli. Alors que maman sur Gulli, elle ferait un carton.

Bon ils ont raison.

Ça ne sert à rien de comparer toujours tout. De mettre des notes et des commentaires. On n'est pas logiques, nous, les enfants. On critique l'école et les notes et après on met de l'école et des notes partout, même dans la famille.

## 19 Avril

C'est l'anniversaire de Damien.

Il a deux ans de plus que maman mais il fait jeune, ça va.

Je sais pas trop quoi lui faire comme cadeau.
Du coup j'ai fait un iMovie avec Victor, Romy et Léon.

J'ai écrit un scénario super-drôle.

À chaque fois qu'on voit sa photo on devient un monstre...
Et à la fin on fait peur à maman qui n'est au courant de rien.
Pauvre maman, elle était en vrac.

Nous on s'est bien marrés en tout cas.

Et si je ne suis pas **actrice**
ans les comédies musicales,
je serai **metteur en scène**.

Faut que je règle un problème super grave. L'autre jour je dis à mon papa que Romy est ma demi-sœur et il me répond non, pas du tout... il dit que demi-sœur ou frère c'est avec le même père ou la même mère.

J'ai demandé à maman qui dit que papa a raison mais que ce n'est pas très grave.

Là-dessus papa a dit que si, c'est très très grave, les mots ont un sens et un chat n'est pas un chien. Bizarre papa et ses expressions de vétérinaire. Ce n'est pas son métier pourtant. Il ajoute qu'il faut pas dire n'importe quoi sous prétexte que ça me fait plaisir. Que j'ai besoin d'un cadre. En gros je suis un tableau !! Ben faut savoir, le docteur Bidet dit que je suis un puzzle. Voilà un puzzle à encadrer comme la Joconde au musée du Louvre. Il paraît qu'elle est vue par 15 000 personnes par jour... ça fait combien par an ? 5 460 000. Et depuis que je suis née ? 54 600 000. Ah quand même, c'est la classe, d'être dans un cadre.

Et j'aime pas l'expression « demi ». Ça fait radin. Je vais pas faire un demi-bisou ou demander un demi-pain au chocolat. Alors je vais inventer un autre mot. Romy et Victor sont mes new frère et new sœur. Ouais bof... au moins personne ne m'embêtera. Et ça fait faire des progrès en anglais.

Tu vois, journal. Si une amoureuse pour mon papa a des enfants je dirai la même chose. Je crois que ce qui pose problème à papa c'est que justement il a rien à nous proposer pour le moment.

13 Mai

## Journal, je t'avais perdu.

Tu étais resté sous le lit de Romy chez son père.

**Je ne te dis pas l'angoisse.**

C'est privé et j'espère qu'elle ne l'a pas lu,
même si je l'aime comme une sœur
et je dis rien de mal au contraire.

Et puis si je veux devenir écrivain en plus de tout le reste
va falloir que je m'habitue aux lecteurs.

Mais le prochain journal, je mets un cadenas.

Il s'est passé plein de trucs.

Bon, d'abord, il faut que je fasse le point dans ma tête. Dès que je rencontre quelqu'un ou je vois un film avec l'histoire de quelqu'un qui me plaît, je veux faire son métier. J'ai vu *Cats* et *Le Roi Lion*, bingo j'ai voulu faire comédie musicale, Damien et c'est parti, je trouve ça cool journaliste, je regarde *Joue-la comme Beckham* avec Victor, me voilà footballeuse, je vais à Roland-Garros avec Léon, je craque pour Sharapova et je veux être elle et me concentrer aussi longtemps qu'elle. Bilan, je me retourne dès que j'ai une décision à prendre ou une réponse à donner, ça horripile papa et maman et Lauren, bref mauvaise idée de vouloir être Sharapova. Les métiers et les envies, ça va, ça vient. J'ai peur de rater ma vie parfois. Je veux qu'elle soit belle et surtout je ne veux jamais m'ennuyer. Bâiller oui, mais de fatigue uniquement et parce que j'ai fait plein de choses dans la journée.

J'ai dû acheter des soutiens-gorge parce que les brassières c'est pour les gamines.

Je me suis disputée avec Lauren puis réconciliée puis re-disputée puis re-réconciliée… elle est aussi préado que moi donc ça promet.

J'ai eu la meilleure note en DST de maths, 18 sur 20.

Mamie Diamant m'a offert le blouson dont je rêvais. Il est blanc et bleu marine. Je le garderai toute ma vie. Si avec ça, Baptiste ne me dit pas bonjour c'est qu'il est abruti et malpoli.

J'ai demandé à maman à quel âge elle « était sortie pour la première fois avec un garçon ». Bon sortie, je sais ce que ça veut dire. En CM2, je pensais que c'était sortir au parc ou de l'école, là je sais que c'est faire un bisou sur la bouche. Du coup on a regardé ensemble *La Boum* avec Sophie Marceau. C'était le film préféré de maman quand elle avait mon âge. Vic, l'héroïne, sort avec un garçon en 4e. Trop moche Mathieu d'ailleurs. J'ai du temps alors. Parfois je suis pressée, parfois pas du tout. Je me demande comment ça fait d'embrasser un garçon sur la bouche. Si c'est bizarre, froid, chaud, dégueu, berck, limace, baveux.

Je me dis juste que c'est cata si on a un appareil dentaire qui s'accroche. Trop drôle la scène. Trop la honte aussi.

Ah oui journal, quand on est préado on a toujours peur d'avoir honte. On se dit que c'est la honte d'avoir honte. On veut un peu se faire remarquer mais pas trop. Moi je veux être populaire mais jamais cancre…

Quand je serai grande je veux faire un one woman show…

Qu'on m'applaudisse.

Et que je fasse rire mais pas parce que je suis ridicule.

Juste parce que les gens trouvent que je suis drôle.

# YOUPI !!

**21 Juin**

22 juin, 23 juin, 24 juin,
25 juin, 26 juin…

Je passe en 5e **et toc.**
J'ai les compliments **et toc.**
Je pars dans deux jours en Sicile avec Damien, Romy et Victor…
Enfin avec Damiano, Romana, Vittorio **et toc.**

J'ai l'impression que j'ai une nouvelle vie
qui commence chaque année.
Je suis heureuse en ce moment.
Même Paul est parti.
J'ai un nez tout beau tout propre tout neuf.

Voilà journal.

C'est fini. Enfin non, ça continue mais plus avec toi. J'ai plus de place. J'ai écrit sur toutes tes pages. C'était une année tellement spéciale. La 6$^{e}$, une semaine chez maman, une semaine chez papa, beaucoup de travail, des contrôles tout le temps, des interros surprises, mamie Téti et ses malaises, Damien, Victor, Romy, Léon et ses tournois, Franklin qui déménage, mon amoureux pas amoureux Baptiste, mes premières heures de colle, mes deuxièmes, mes dernières parce que sinon papa et maman vont péter un plomb... Mme Giscard qui me déteste, mon corps de petite fille qui décolle, mon corps de grande fille qui atterrit, des brassières Petit Bateau avec l'étiquette 14 ans (ça taille petit ou c'est moi qui suis méga balourde pour mon âge ?) qui gratte et que maman doit couper, le caractère trop ceci, pas assez cela, les goûts un pas en avant un pas en arrière un pas sur le côté droit un pas sur le côté gauche, pas super comme chorégraphie, pas de couteau pour manger des pâtes, même des spaghetti hyper longs, mes premiers mots en italien, *per favore* (s'il vous plaît), *grazzie* (merci), *ciao* (au revoir), *come va* (comment ça va ?) *ti amo* (je t'aime), *baci* (baisers), *poso giocare con te ?* (je peux jouer avec toi ?), *no mi piace* papa sans amoureuse (ça me plaît pas papa sans amoureuse...)

Tu sais journal, le plus compliqué cette année pour moi et Léon c'était de passer d'une famille papa = 3 à une famille maman = 6, le plus compliqué c'était de savoir qui avait le plus raison quand papa et maman se disputaient, le plus compliqué c'était de choisir entre grandir et rester une gamine, le plus compliqué c'était de se faire gronder pour des choses devenues des grosses bêtises en à peine une année, le plus compliqué c'était de moins manger de chocolat pour pas être trop bouniouf.

Nouveau mot important et rigolo inventé par Damien.

Bouniouf : gamin ou gamine qui mange de tout trop, un peu trop balourd, un peu trop dodu, si ça continue il va rouler… et sa vie sera plus compliquée.

Dernière question :

À quel âge, tout deviendra super simple, journal ?

Nine

## Géraldine Maillet

Avant d'être romancière, Géraldine Maillet a mené une carrière de mannequin.

Depuis plusieurs années, elle se consacre à l'écriture. Elle a signé douze romans traduits en plusieurs langues. En tant que réalisatrice, elle a aussi dirigé plusieurs courts métrages, un premier long métrage et un clip.

Dépôt légal : avril 2016
N° d'édition : L.01EJEN001298.N001
Loi n°49-956 du 16 juillet 1949
sur les publications destinées à la jeunesse
Achevé d'imprimer en mars 2016 en Espagne par Liberdúplex